出《で》口《ぐち》 汪《ひろし》の日本語論理トレーニング
基礎編

論理エンジンJr.《ジュニア》

4年

出口 汪＝著

小学館

養成します。さらに算数の言葉も学習します。すべての教科の土台となる論理力を鍛えるのが、この論理エンジン Jr. の目的です。

ステップ５では、接続語・指示語を学習します。接続語・指示語とは文と文、語句との論理的関係を示す記号であり、それゆえ、論理的な読解には欠かせません。この段階で、一文を論理的に把握する訓練から、文と文との論理的な関係を把握する訓練へと進んでいきます。

ステップ６では、一文を論理的に把握する訓練の総合練習をした上で、さらに物語を客観的に読んだり、算数や理科の問題にもチャレンジします。もちろん、「論理エンジン」では、日本語における論理力を鍛えることが、算数などの他教科の学力をアップさせると考えています。

しかも、論理エンジン Jr. は学習指導要領、全国学力テストや PISA（OECD 生徒の学習到達度調査）の問題で求められている力にも対応しています。まさにこれからの時代に必要な学力を養成していくのです。

習熟とスパイラル方式

論理とは言葉の規則に従った使い方です。そうである限り、単に理解するだけでなく、それを自然と使いこなせるように、習熟しなければなりません。論理を意識するうちはまだ論理的とは言えず、話をするとき、文章を読み書きするとき、自然と論理を使いこなせるようになって初めて、論理力が身についたと言えるのです。

そのためにスパイラル（らせん）方式を採りました。一通り基本的な学習をこなすと、次にはさらに別の形でそれを反復します。そうやって、同じ規則を繰り返し学習しながら、その規則を使って新たな課題に挑んでいきます。
そうやって、らせんを描いて上昇していくのです。

これは子どもを思考停止状態にしてしまう単純反復を避けると同時に、自然と論理力を習熟させるための方法です。

それでは、お子さんと論理力向上のプロセスをお楽しみください。

出口　汪

保護者の方へ

全体の構成

本書は六つのステップから成り立っていて、各ステップにはそれぞれ五題の問題が掲載されています。

五題の問題はどれ一つ同じ問題はありません。各問題には必ずテーマがあり、さらにはそれぞれの問題には連続性があります。本書は一貫した方法によって、子どもたちの頭脳を論理的なものへと変えていくためのものであり、そのために一つひとつの問題のねらいを明確にしました。

さらには、どの問題も前の問題と同じものはなく、連続しながらも、必ず何か一つ新しい要素が付け加わっています。単純反復を避けることが、自分で考える力をつけるためには必要だからです。

本書は論理エンジン Jr. 全三冊の基礎編で、まず子どもたちの文章に対する意識のあり方、頭の使い方を変えていきます。そのために、論理の基礎を理解し、言葉の規則に従って文章を扱っていきます。

「小学三年生」版に比べて遊びの要素が減り、扱う文章も長くなっていきます。徐々に難易度が上がっていくので、国語力に不安のある場合は「小学三年生」版から始めることをお勧めします。

基礎編では一文を論理的に扱うトレーニングから入っていきます。

ステップ１では、文をただ漠然と読むのではなく、その中の要点に着目させます。ここで言葉の規則を学ぶことは、次に正確な文を書くために不可欠です。とくに、一文の要点となる「主語と述語」は基本中の基本です。

ステップ２では、すべての言葉は他の言葉と関係を持っていることを、実際に手を動かしながら習得していきます。この作業は文脈力を獲得するための大切なトレーニングです。実は、国語の問題の半分近くがこの文脈力を問うものなのです。

ステップ３では、助詞・助動詞を扱います。正確な日本語を書いたり、正確で客観的な読解をするためには、今のうちに助詞・助動詞の使い方をものにしましょう。将来の作文、小論文の作成にも不可欠な能力です。

ステップ４は、文を作成するトレーニングです。ステップ１・２・３で学習した言葉の規則に従って、正確な一文を作成します。単に国語の記述式問題や作文に対応するだけではなく、すべての科目に必要な、正確に文章を書くことができる力を

ステップ

1

文の中心

一文の要点《ようてん》（1）

学習した日

月　日

これから、日本語を正しく読み、論理的《ろんりてき》に考えるトレーニングをしましょう。

みんなのじこしょうかいの中から「どうする」や「どんなだ」「何だ」にあたる言葉を□に書き出しましょう。

・カズマ

●文の中心は述語《じゅつご》

上の問題の答えになっている部分を述語《じゅつご》といいます。文の中でいちばん重要《じゅうよう》なのは述語《じゅつご》です。カズマくんの文では「がんばります」が全体の意味の中心になります。

述語《じゅつご》には次のような形があります。

・どうする。（どうした）　↓鳥がいっせいに飛《と》び立った。

・どんなだ。　↓この本は、とてもむずかしい。

・何だ。　↓わたしは小学四年生です。

文の意味をとらえるときは、まず述語《じゅつご》をさがしましょう。

わたしは、カズマの友達《ともだち》の、リサです。

・リサ

ぼくは言葉を話す犬です。

・アズキ

次の文を読んで、問題に答えましょう。

① このビルは、とても高い。

ビルはどんな様子ですか。

② まどから見えるのは、ヒマワリです。

見えるのは何ですか。

③ お母さんは自転車で買い物に出かけました。

お母さんはどうしましたか。

「(ビルは) どんなだ」「(見えるのは) 何だ」「(お母さんは) どうした」と、文の意味の中心が述語《じゅつご》になっていることがわかるね。

ステップ 1

主語と述語《じゅつご》

⇓ 一文の要点《ようてん》（2）

学習した日　月　日

理科のじゅぎょうでモンシロチョウのし育をします。
わっ。青虫は苦手だ。
モンシロチョウのし育
モンシロチョウのよう虫を水そうでかいます。
水そうには、5ひきのよう虫がいます。
どこでかうの？
たくさんかうの？

次の文の主語、述語《じゅつご》の関係《かんけい》をさがしましょう。

水そうには、5ひきのよう虫がいます。

述語《じゅつご》は「います」です。いるのは、よう虫なので、主語は「よう虫が」です。このように、述語《じゅつご》を見つけてから、主語をさがしましょう。

主語には次のような形があります。

- **何が（は）**
- **だれが（は）**

この文の主語と述語《じゅつご》をつないで文にしましょう。

文の大切なところを「文の要点《ようてん》」といいます。

文には、必《かなら》ず要点《ようてん》があります。これは国語でも算数、社会、理科でも同じです。文の要点《ようてん》がわからないと、問題を正しく読むことも、とくこともできません。

文の要点《ようてん》をまとめよう①

述語《じゅつご》から主語をさがします。

「一文の要点《ようてん》（一）」で学習したように、意味の中心は述語《じゅつご》です。その述語《じゅつご》に対応《たいおう》する主語をさがし、主語と述語《じゅつご》をつなぎましょう。

この文なら、「よう虫がいます」ですね。

論理ポイント

「どこに？　水そうに」「何びき？　5ひき」というように、「水そうには」や「5ひきの」は、文の中心である「よう虫がいます。」をくわしく説明《せつめい》しているのです。（このことはステップ2で学習します）

次の文の主語、述語《じゅつご》の関係《かんけい》をさがしましょう。

① モンシロチョウのかい方について、2はんが調べます。

主語

述語《じゅつご》

② モンシロチョウは羽の白い、小さなちょうです。

主語

述語《じゅつご》

ステップ 1

一文の要点《ようてん》（3）

要点《ようてん》になる言葉

学習した日　月　日

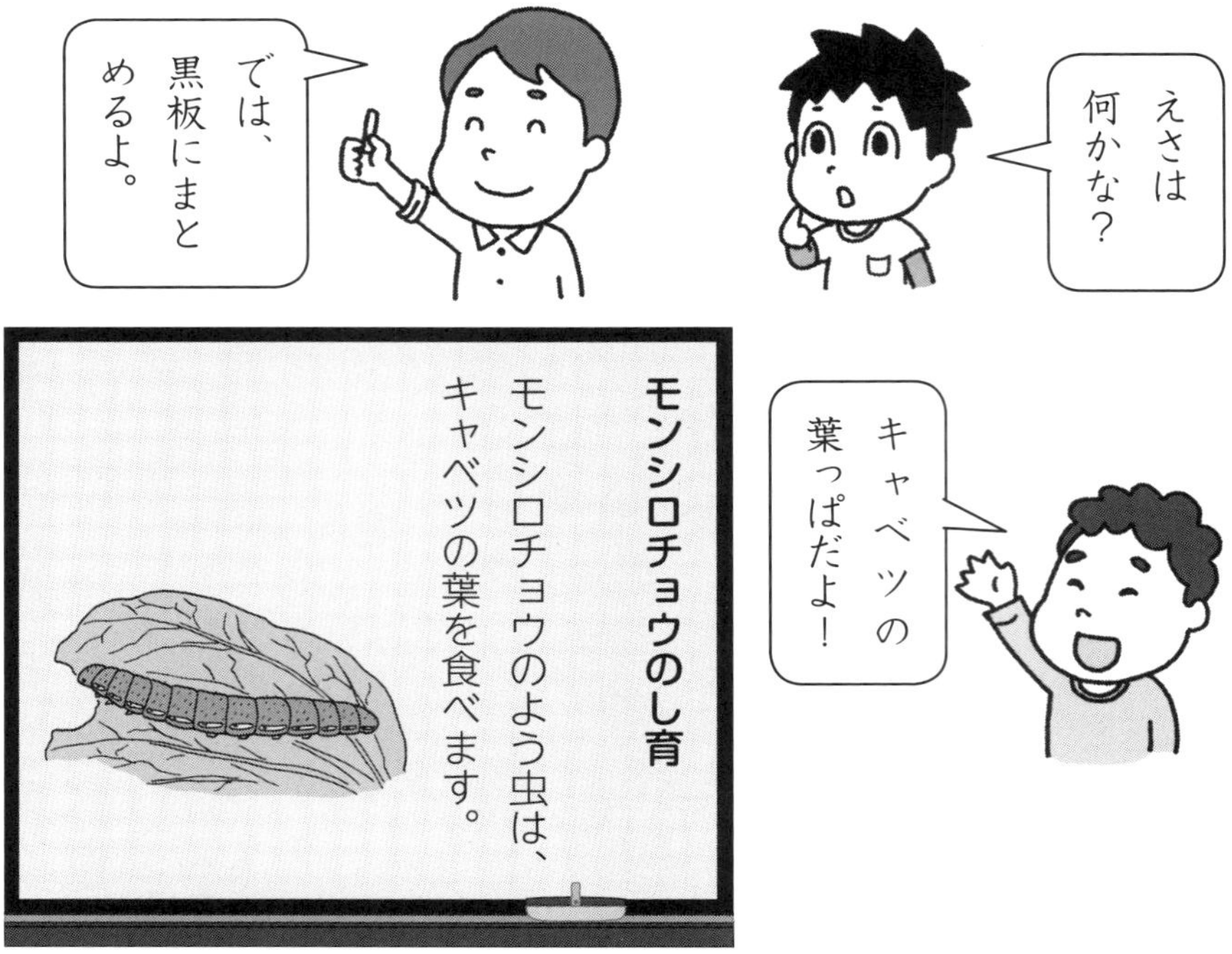
えさは何かな？
では、黒板にまとめるよ。
キャベツの葉っぱだよ！
モンシロチョウのし育
モンシロチョウのよう虫は、キャベツの葉を食べます。

次の文の主語、述語《じゅつご》の関係《かんけい》をさがしましょう。

モンシロチョウのよう虫は、キャベツの葉を食べます。

この文の述語《じゅつご》は「食べます」です。食べるのは、よう虫です。
主語は「よう虫は」ですね。

この文の主語と述語《じゅつご》をつないで文にしましょう。

これだけだと何を食べるのかわからないなあ。
何か言葉をつけたすといいのかな。

文の要点《ようてん》をまとめよう②　たりない言葉をつけたします。

この文の主語と述語《じゅつご》をつないで文にすると、次のようになります。

よう虫は食べます。

主語と述語《じゅつご》をつなぐと、文の中心はわかりますが、意味がわかりにくい場合があります。

そのときは、意味がわかる文になるように、言葉をつけたしましょう。

つけたすときも、述語《じゅつご》から考えることが大切です。述語《じゅつご》は「食べます」ですね。何を食べるのでしょう。

よう虫は（　　　　　）食べます。

意味が通る文になると、要点《ようてん》がわかります。

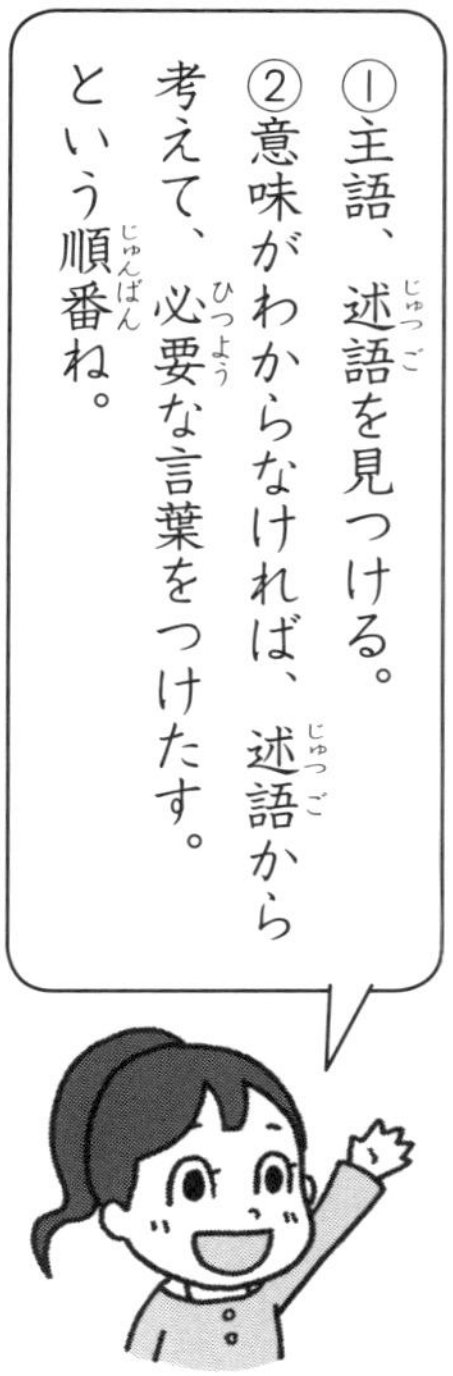

次の文の主語と述語《じゅつご》を書きましょう。主語と述語《じゅつご》を見つけたら、述語《じゅつご》から考えて必要《ひつよう》な言葉をつけたし、文の要点《ようてん》をまとめましょう。

① モンシロチョウのよう虫は、青虫ともよばれます。

主語

述語《じゅつご》

要点《ようてん》

② モンシロチョウは、キャベツの葉にたまごを産《う》みます。

主語

述語《じゅつご》

要点《ようてん》

ステップ 1

一文の要点《ようてん》（4）

主語のない文

学習した日
月　日

よう虫がさなぎになったね。
さなぎって何を食べるの？
観察《かんさつ》日記をつけたよ！
モンシロチョウの育ち方
よう虫がさなぎになる。
さなぎの間は何も食べない。

次の文を読んで、後の問題に答えましょう。

モンシロチョウの観察《かんさつ》日記をつけました。

この文の述語《じゅつご》を答えましょう。

□

この文の主語を答えましょう。主語がなければ述語《じゅつご》にふさわしい主語を考えましょう。

□

述語《じゅつご》は「つけました」です。何をつけたかというと「観察《かんさつ》日記を」ですね。したがって、主語は観察《かんさつ》日記をつけただれかだと考えます。

主語がない文は、述語《じゅつご》から主語を考えてみよう。

次の文の主語と述語《じゅつご》を書きましょう。主語がない場合は、なしと書きましょう。

① 先生が、モンシロチョウの育ち方を黒板にまとめます。

主語

述語《じゅつご》

② モンシロチョウのよう虫は、キャベツの葉を食べて育ちます。

主語

述語《じゅつご》

③ だっぴをして、やがてさなぎになります。

主語

述語《じゅつご》

④ 友だちのつけた観察《かんさつ》日記を読ませてもらいました。

主語

述語《じゅつご》

述語《じゅつご》とつながる主語をさがすよ。
読むのはだれかしら？

ステップ 1

一文の要点《ようてん》(5)

要点《ようてん》をまとめよう

学習した日

月　日

1 次の文の要点《ようてん》をまとめます。□にあてはまる言葉を書きましょう。

まっ白なモンシロチョウが、花のみつをすいます。

まずは述語《じゅつご》を考えましょう。

主語を書きましょう。

述語《じゅつご》から考えて意味が通じるように、言葉をつけたして文の要点《ようてん》を書きましょう。

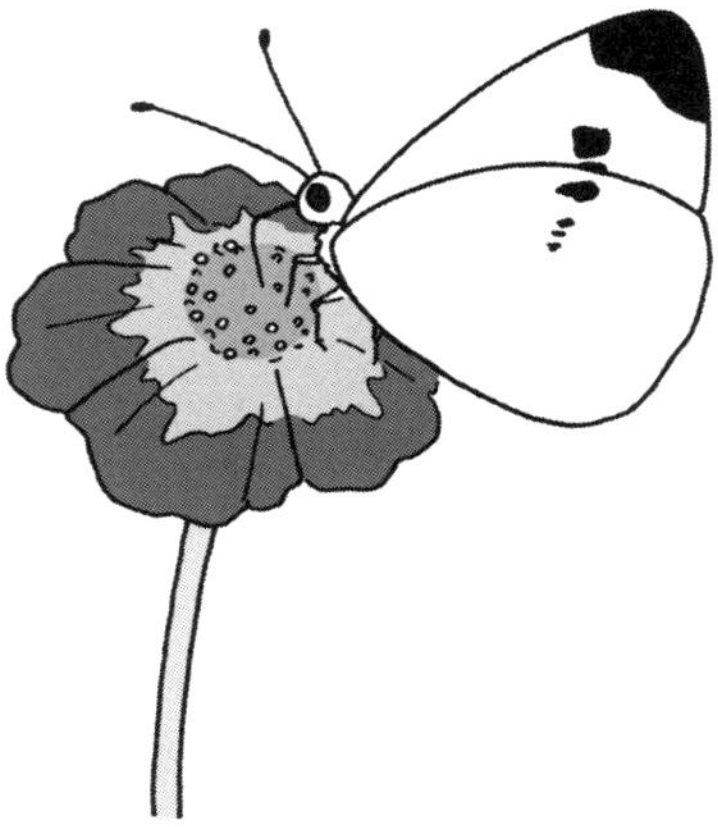

2 次の文の要点《ようてん》をまとめます。□にあてはまる言葉を書きましょう。

学校の図書室で、モンシロチョウについて調べました。

まずは述語《じゅつご》を考えましょう。

主語を書きましょう。主語がない場合は「なし」と書きましょう。

意味が通じる文になるように、言葉をつけたしてこの文の要点《ようてん》を書きましょう。主語がない場合は、あてはまる主語を考えて書きましょう。

ステップ 2

言葉のつながり（1）

言葉のつながり方（1）

学習した日　　月　　日

左の二つの文で、それぞれの言葉はどの言葉につながっているでしょう。

① 青くて　広い　空。

② 青い　広い　空。

言葉のつながりを ┐ を使って表すとこのようになります。

① 青くて　広い　空。

② 青い　広い　空。

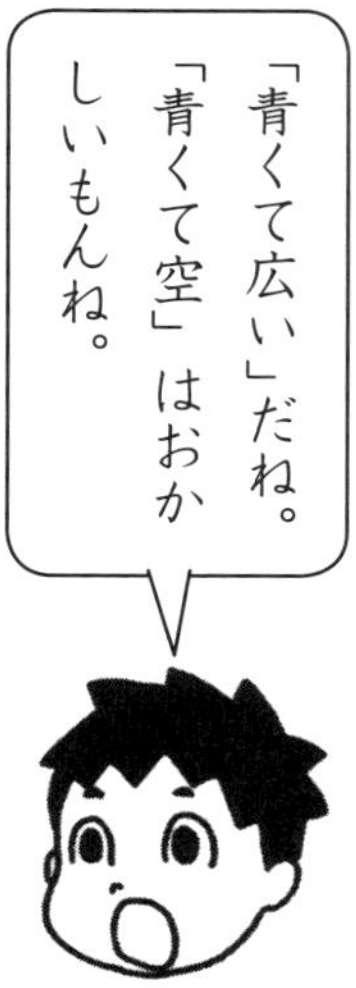

①の文では、「青くて」は「広い」につながり、「青くて広い」になります。そして「青くて広い」がまとめて「空」につながっていきます。②の文では「青い」「広い」はそれぞれ「空」につながり、「青い空」「広い空」になります。

論理ポイント

このように、それぞれの言葉はつながる言葉を説明《せつめい》しているのです。

□の言葉を、左の文のどこかに入れます。追加《ついか》する言葉を、その言葉がつながる言葉の直前に書き入れましょう。

例《れい》 青い
おかに　上ると、[青い] 海が　見えた。

① いちごの
これは、姉と　わたしが　焼《や》いた　ケーキです。

② すいすい
夏になると、つばめが　とんでいるのを　見かけます。

③ よい
今日は　天気なので、太陽が　まぶしい。

④ あまり
体育は　好《す》きですが、水泳は　好《す》きでは　ありません。

⑤ できるだけ
この　道路は　車が　多いので　気をつけて　歩きなさい。

⑥ ほしかった
家族で　買い物に　出かけて、くつを　買ってもらった。

ステップ 2

⇓ 言葉のつながり（2）

言葉のつながり方（2）

学習した日　月　日

左の文の言葉のつながりを →　を使って表すと次のようになります。ひとつひとつの言葉のつながりをたしかめましょう。

意味がつながるように結《むす》ぶんだね。

「母の日に作った」「シチューを作った」ね。

母の日に　トマトの　シチューを　作った。

おいしかったね、今日の　ごはん。

あれ、この文は、ふつうと反対だね。

反対になっていても、言葉のつながりは、意味のつながりから考えるんだよ。

論理ポイント

上のように、文の中ではすべての言葉がほかのどれかとつながっています。

言葉のつながり方がわかると、文の意味がよくわかるようになります。

上の右の文では、「母の日に」と「シチューを」が「作った」をくわしく説明《せつめい》しています。「いつ、何を作った」かですね。

これは文や文章が長くむずかしくなっても同じです。

これが文を論理的《ろんりてき》に読むことの第一歩になるので、短い文でしっかり練習しておきましょう。

例《れい》のようにして、ひとつひとつの言葉に―をひき、意味がつながる言葉と→でつなぎましょう。

例《れい》 赤い もぎたての トマト。

① ふしぎだなあ、 葉っぱや 木のえだに そっくりな すがたの 虫は。

② オリンピックに 出場することは、 多くの スポーツ選《せん》手《しゅ》に とっての 目《もく》標《ひょう》です。

③ 四角形には、 長方形や 正方形の ほかに、 平行四《し》辺《へん》形《けい》、 台形などが ある。

④ この坂道は あまりに 急で、 とても 自転車では 上れそうに ない。

ステップ 2

言葉のつながり(3)

文を図にしよう

学習した日　月　日

次の文を、言葉のつながり方から左の図のように表しました。言葉のつながりがわかりますか？

①夏休みには、②朝7時から　③近くの　④公園で　⑤ラジオ体そうが　⑥あります。

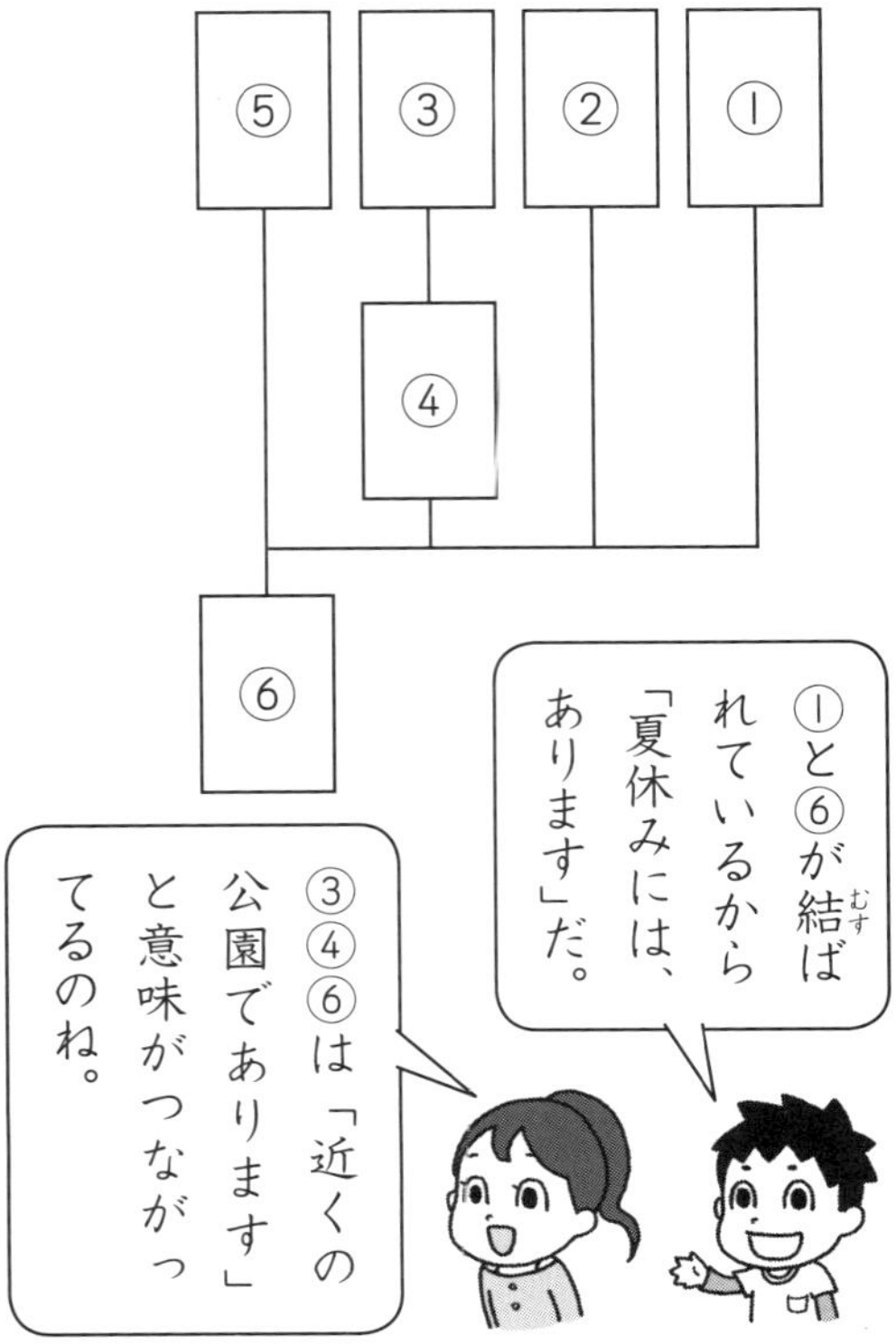

①
②
③
④
⑤
⑥
①と⑥が結《むす》ばれているから「夏休みには、あります」だ。
③④⑥は「近くの公園であります」と意味がつながってるのね。

上と同じように考えて、左の文の①～⑦までの記号を、図の□に書きましょう。

①ビルの　②屋上から　③町を　④ながめると　⑤遠くに　⑥学校が　⑦見えました。

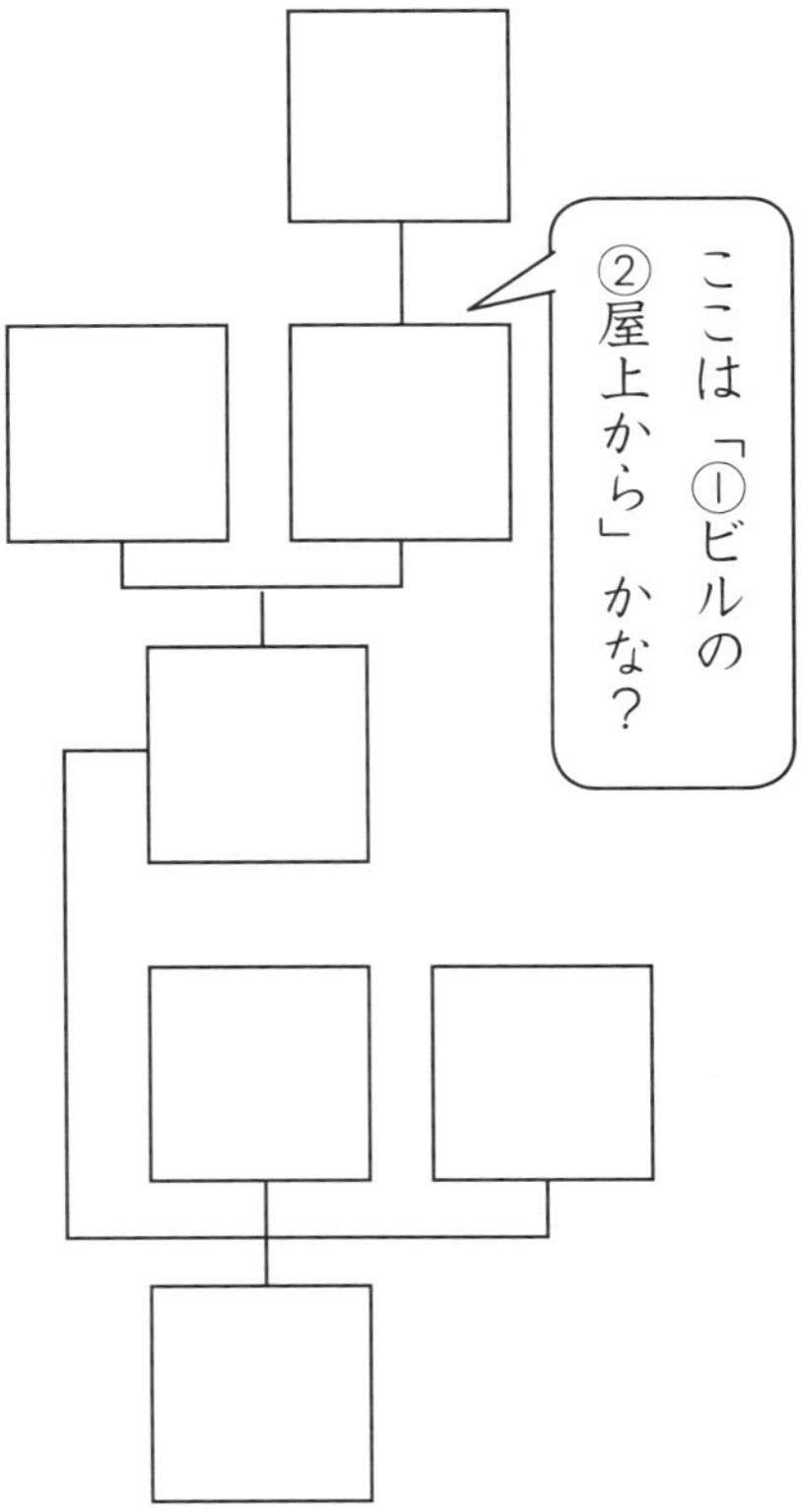

ここは「①ビルの②屋上から」かな？

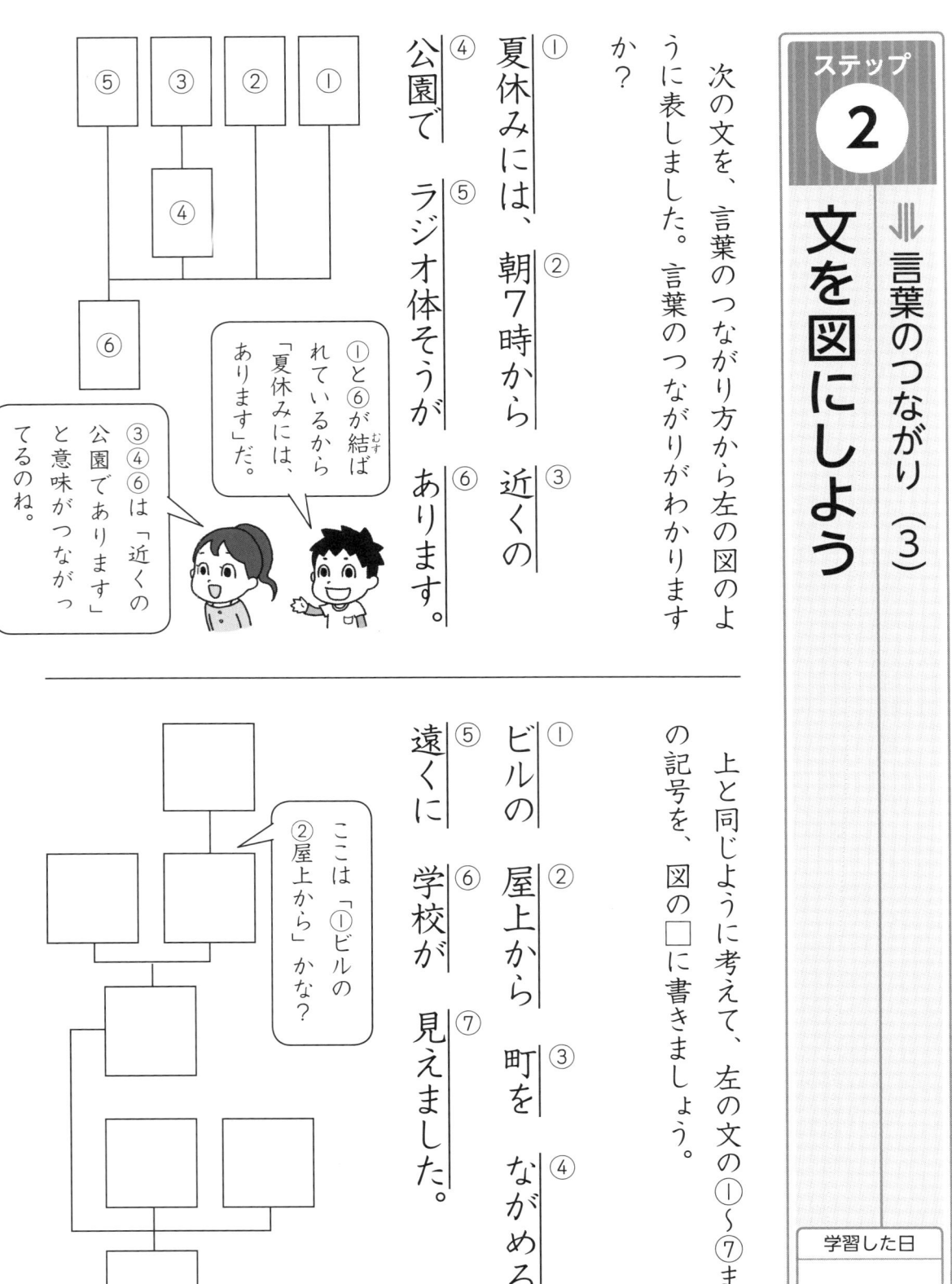

次の図にあてはまる文は、①から③のうち、どれになるでしょう。

1

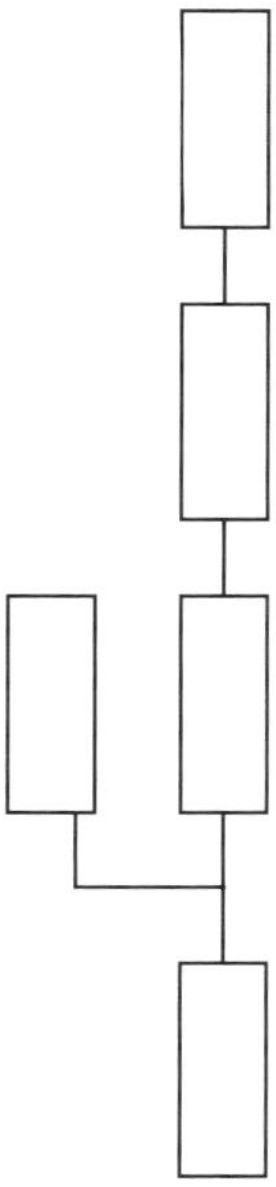

① おしろの ほりに 白鳥が 二羽 いました。
② バスに 乗りおくれた お母さんは、約束《やくそく》に 間に合わなかった。
③ わたしの クラスには 北海道《ほっかいどう》からの 転校生が います。

2

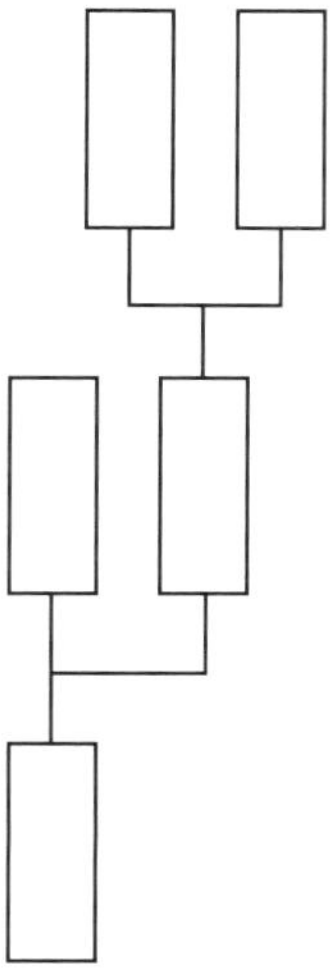

① わたしは どちらかと言えば 国語より 算数が 得意《とくい》です。
② 大きな 船に 乗って 外国に 行ってみたい。
③ 昨日《きのう》の はげしい 雨で 用水路が あふれそうです。

述語《じゅつご》から考えて、言葉と言葉のつながりがどうなるかを見ていこう。

ステップ 2

⇓ 言葉のつながり（4）

言葉のつながり方（3）

学習した日　　月　　日

1 例《れい》のようにして、―の部分につながる、すべての言葉を○で囲《かこ》みましょう。

例《れい》 港には　たくさんの　かもめが　飛《と》んでいます。

① 寒さに　負けない　体を　つくるために　ジョギングを　始めた。

② 社会見学で　中央おろし売り市場に　行き、その　大きさに　おどろいた。

③ 梅雨《つゆ》なのに、あまり　雨が　ふらないことを　空梅雨《からつゆ》と　よぶそうです。

④ いつもは　必《かなら》ず　開いている　まどが　今日は　しまっていました。

⑤ 電子メールは、一度に　たくさんの　人に　情報《じょうほう》を　伝《つた》えることができます。

2 次の□にあてはまるような文を考えて書いてみましょう。

例《れい》

部屋には
白い
大きな
ピアノが
ありました。

①

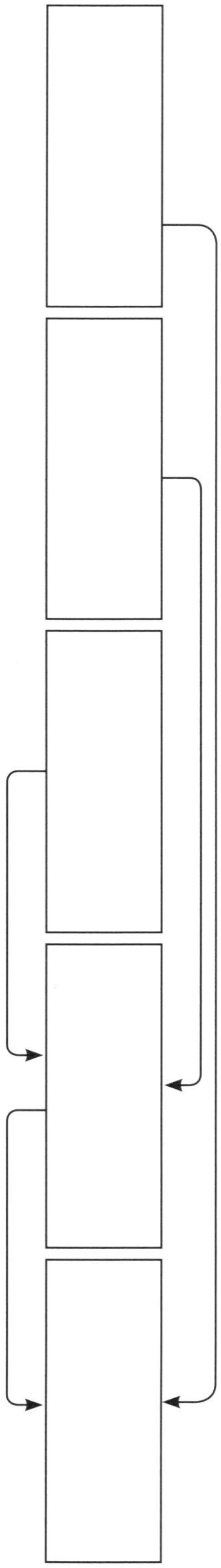

②

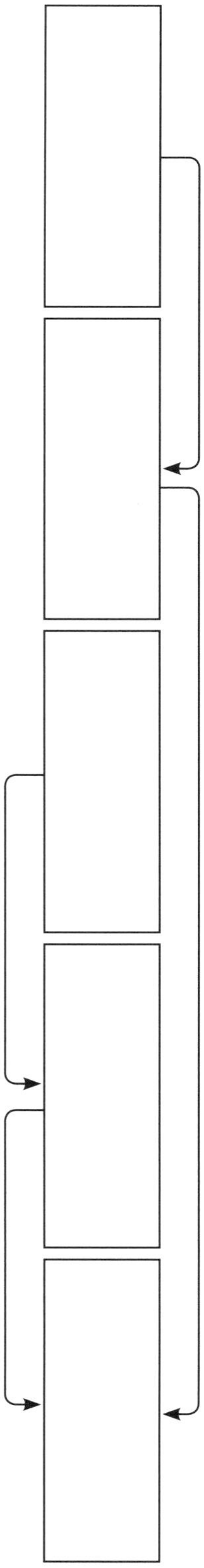

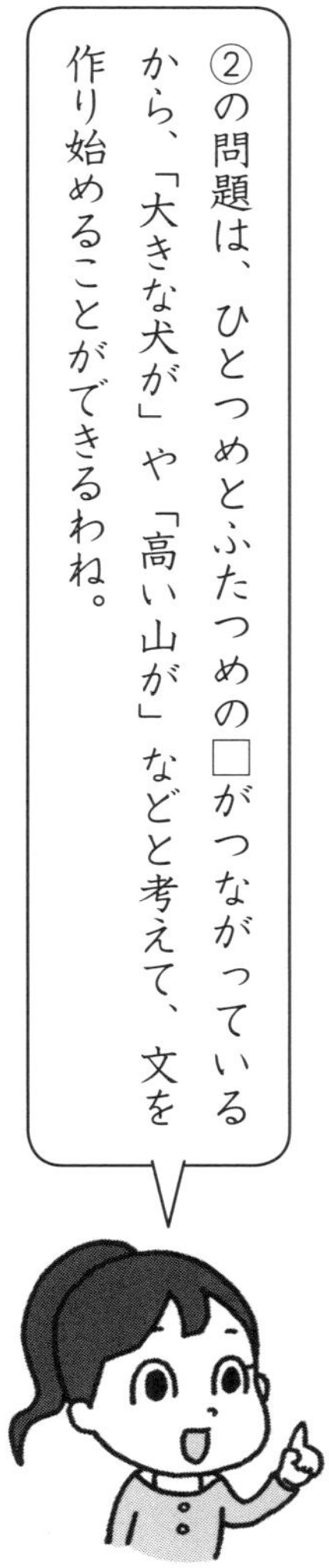
②の問題は、ひとつめとふたつめの□がつながっている
から、「大きな犬が」や「高い山が」などと考えて、文を
作り始めることができるわね。

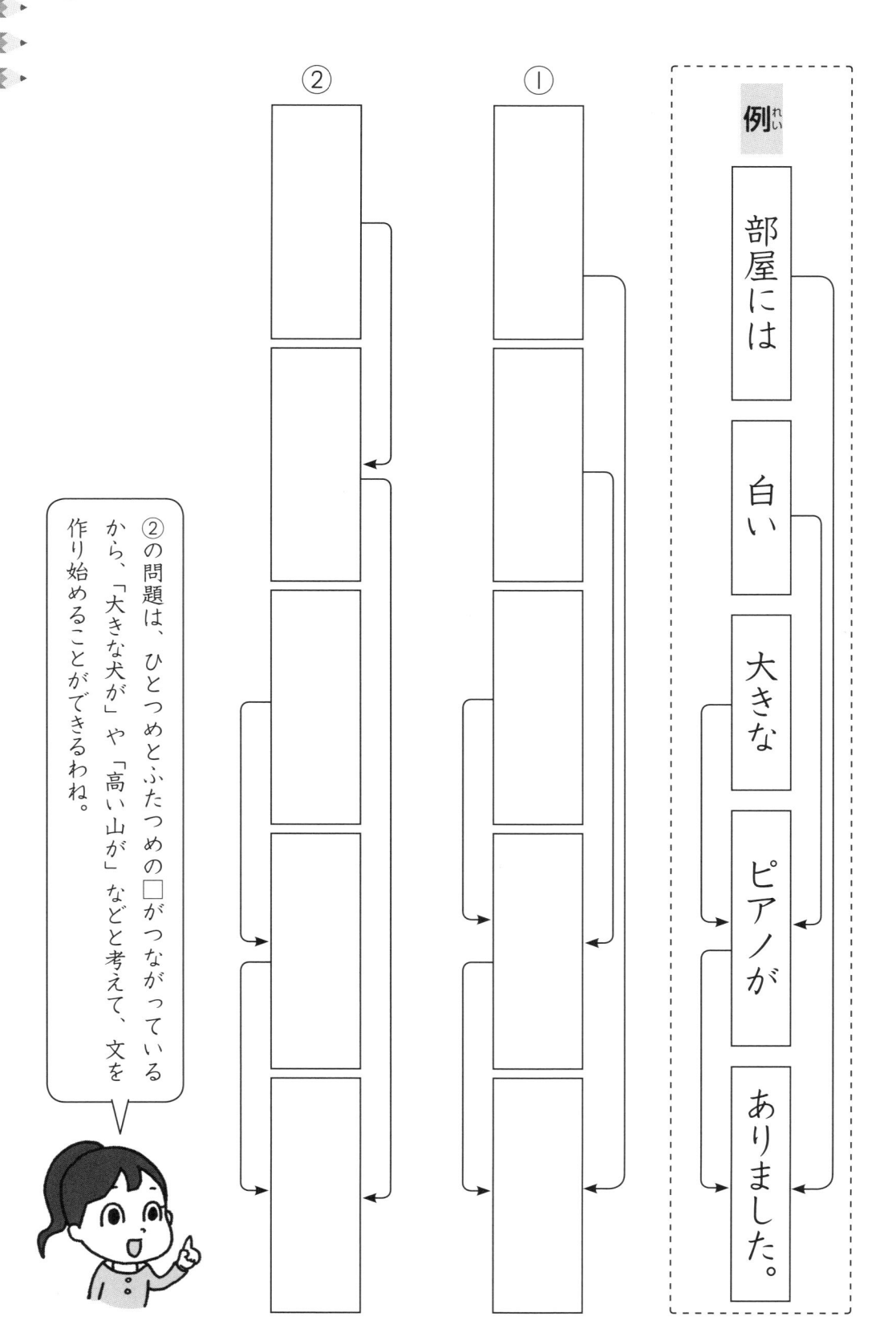

ステップ
2

⇊言葉のつながり（5）

自転車に乗ったのはだれ？

学習した日
月　日

次の文を読んで、問題に答えましょう。

ぼくは ア 自転車に イ のって ウ 買い物に エ 出かけた オ 母を カ 追いかけた。

①右の文を、上の絵の様子を表す文にするには、ア～カのどこに読点「、」をうてばよいでしょう。

② 「ぼくは」の位置《いち》を入れかえて、左の絵の様子を表す文にします。ア〜カのどこに「ぼくは」を入れればよいでしょう。

□

③ 左の絵の様子を表す文にします。ア〜カのどこに「父と」という言葉を入れ、ア〜カのどこに読点「、」をうてばよいでしょう。

□ に「父と」を入れて □ に読点をうつ。

ステップ
3

助詞《じょし》・助動詞《じょどうし》（１）

助詞《じょし》の役わり（１）

学習した日　　月　　日

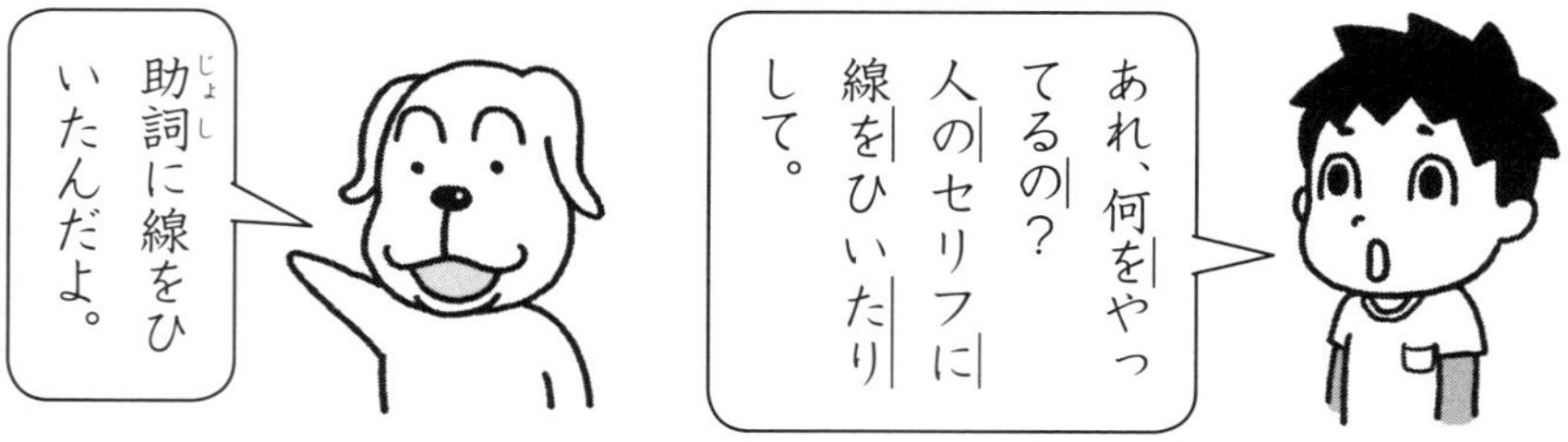

あれ、何をやってるの？人のセリフに線をひいたりして。
助詞《じょし》に線をひいたんだよ。

助詞《じょし》は、文の中で大事なはたらきをしているんだよ。文の意味を考えて、□にひらがなを書いてね。

① 雨はふった□、すぐにやんだ。

② 今日は、雨□ずっとふっている。

③ 日曜だ□、朝から雨でがっかりだ。

あれ、同じ答えになるね。
同じだけど、意味がちがうものがあるわね。

論理ポイント

● 助詞《じょし》

「ぼくが食べる」や「ぼくだけ食べる」のように、ほかの言葉について、言葉と言葉の関係《かんけい》を表したり、意味をつけ加《くわ》えたりするものです。

「ぼくが走ります」「ぼくが走りますか」のように、助詞《じょし》ひとつで文の意味がまったく変《か》わることもあります。

上の問題のように、同じ音の助詞《じょし》でも役わりのちがう言葉があるので、意味をしっかり読み取りましょう。

右ページの問題には、すべて「が」が入ります。
①と③の「が」は「しかし」と同じ役わりをしています。
②の「が」は、雨が主語であることを表すはたらきをしています。
このように考えて、次の問題をときましょう。

次の文の□にあてはまる、同じひらがなを書きましょう。また□の中の言葉が、同じ役わりなのは、どれとどれでしょう。

1

① きみ□ぼくとの約束《やくそく》。
② ここまで来る□、ゴールは目前だ。
③ それ□くらべればこちらが小さい。

□

2

① 遠く□□、電車がやってきました。
② 遠い□□、早く家を出発しました。
③ がんばった□□、試合《しあい》に勝ちました。

□

3

① ぼく□犬は泳ぎがうまい。
② 大きな木□下で昼ねをする。
③ あなたはそれでいい□。

□

ステップ 3

助詞《じょし》・助動詞《じょどうし》（2）

助詞《じょし》の役わり（2）

学習した日

月　日

先生とカズマくんが、日本地図を見ながら果物《くだもの》について話をしています。①〜④にあてはまる、ひらがな一字を答えましょう。また、AからCの（　）には、「のに」「ので」のどちらが入るでしょう。

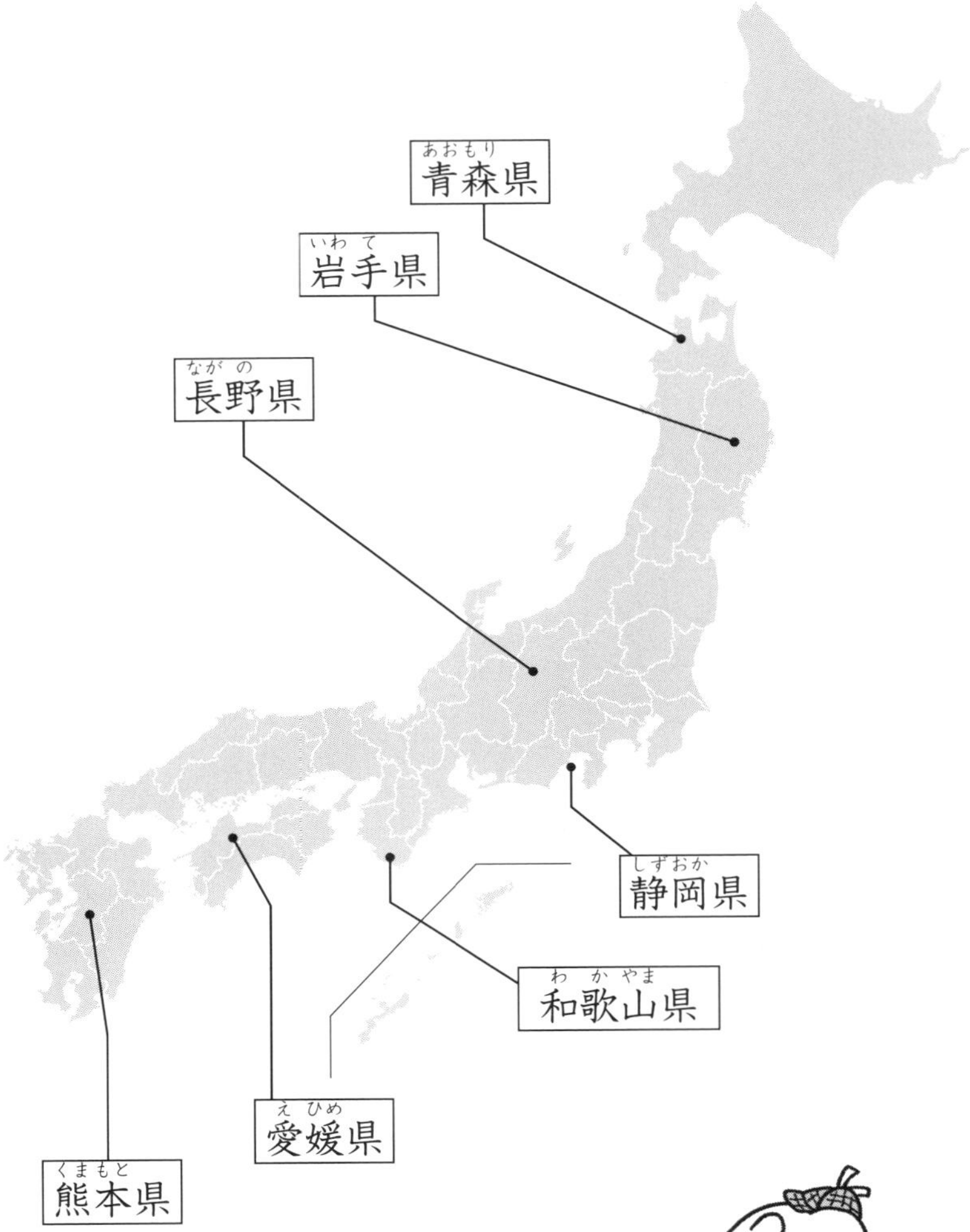

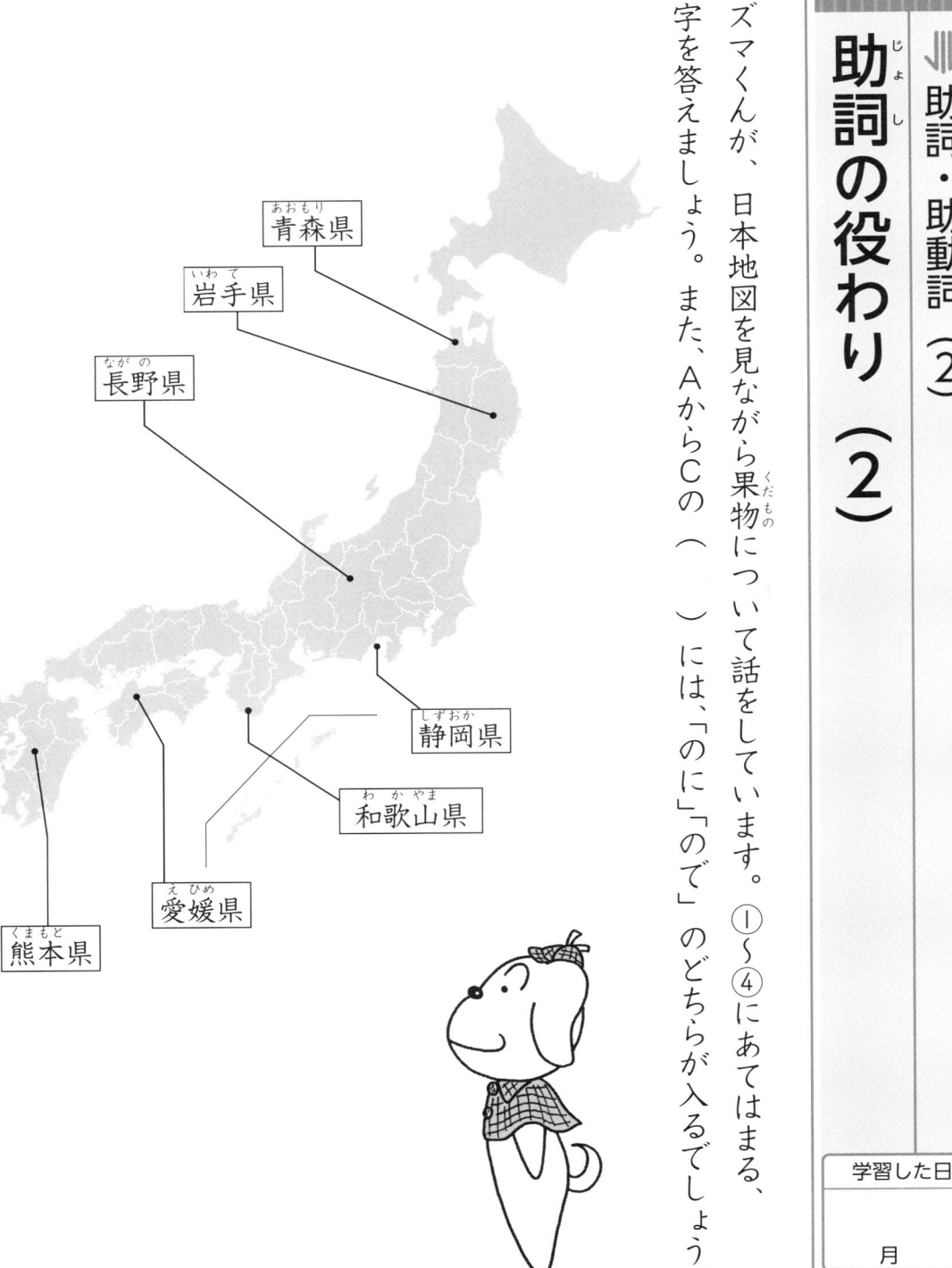

先生、りんご（①）多くとれるのは、日本のどこですか？

それ（②）青森《あおもり》県です。日本（③）とれるりんごの半分以上《いじょう》が青森《あおもり》県のりんごです。りんご（②）長野《ながの》県でも多くとれます。では、それ以外《いがい》でりんごが多くとれるのは、地図にしめした県のうち、どこでしょうか。

青森《あおもり》県（④）長野《ながの》県（④）すずしい（A）、岩手《いわて》県だと思います。

その通り。りんご（②）暑さに弱い（B）、すずしいところ（③）多くさいばいされています。

では、みかん（①）多くとれるのはどの県ですか。

和歌山《わかやま》県や愛媛《えひめ》県です。ほかにも静岡《しずおか》県や熊本《くまもと》県（③）とれるみかん（④）有名ですね。ところで、みかんがとれるのは夏ですか、冬ですか？

冬です。なるほど、みかん（②）冬な（C）、ひかく的《てき》あたたかなところで、たくさんとれるんですね。

答え

①（　　）
②（　　）
③（　　）
④（　　）
A（　　）
B（　　）
C（　　）

〈〈〈 答えは「別冊」の13ページに！

ステップ
3

助動詞《じょどうし》の役わり（1）

助詞《じょし》・助動詞《じょどうし》（3）

次の①②で、二人は同じ意味のことを言っています。□にあてはまるひらがなを書きましょう。

①

先生がほめてくれた。

先生にほめ□□た。

②

五こ重ねることができた。

五こ重ね□□た。

論理ポイント

●助動詞《じょどうし》

「さっき、ぼくが食べた」（過去《かこ》）

「ぼくは食べない」（打ち消し）

「わたしは四年生です」（言い切り）

このように、ほかの言葉について意味をそえるのが助動詞《じょどうし》です。

また、右の例文《れいぶん》のように、文の終わりに助動詞《じょどうし》がある場合、その文全体の意味を決める大切なはたらきをします。

上の問題は、どちらも「られ」が答えになります。①は受け身（自分がされること）、②は可能《かのう》（できること）の意味を表しています。文を読むときは、このようなちがいにも気をつけましょう。

学習した日

月　日

次の3つの文は、後の[　]のうち、どれにあたりますか。（　　）に①～③の記号を書きましょう。
また、それぞれと同じ種《しゅ》類《るい》の文を選《えら》んで、□にア～ウの記号を書きましょう。

運動会の練習が、明日から始まるそうだ。（　　）□

ぼくにも関《かん》係《けい》があるようだ。（　　）□

そのうさぎは白くて雪のようだ。（　　）□

①想《そう》像《ぞう》したこと　②人から聞いたこと　③たとえ

ア　姉の笑《え》顔《がお》は大きなひまわりのようだ。

イ　太陽よりも大きな星があるそうだ。

ウ　この調子なら、まだがんばって歩けそうだ。

ステップ 3

助動詞《じょどうし》の役わり（2）

助詞《じょし》・助動詞《じょどうし》（4）

学習した日　　月　　日

先生と二人の友達《ともだち》がかんきょうの問題について話しています。これを読んで後の問題に答えましょう。

先生　「地球の温だん化が問題になっているね。」

友達《ともだち》A　「北極《ほっきょく》の氷がとけて、海の水がふえているというのは本当ですか。」

先生　「どうやら本当①□□□ね。」

友達《ともだち》B　「このままでは、海にしずんでしまう国があるそうですね。」

先生　「よく知っているね。温だん化をふせぐには、エネルギーを使いすぎてはいけ②□□と言われているよ。みんなも、身近にできることがないか、考えてみ③□□。」

友達《ともだち》A　「家では、母がおふろの残《のこ》り湯を使ってせんたくをしています。」

友達《ともだち》B　「水を節約《せつやく》することと、エネルギーを使わ④□□ようにすることは関係《かんけい》あるの？」

友達《ともだち》A　「そう言われてみると、よく分から⑤□□わ。先生、どうなのでしょう。」

先生　「家庭や学校の水道に水を送るには、たくさんの電力が使われているんだよ。それから、使った水をきれいにする下水処理場《げすいしょりじょう》でも、多くの電力を使うんだ。だから、水を節約《せつやく》すると、電力の節約《せつやく》にもなるんだね。
ほかにもたくさんの方法《ほうほう》を考えて、みんなの力で温だん化を止め⑥□□ものですね。」

1　①から⑥の□にあてはまるひらがなを、次の□から選《えら》んで書きましょう。同じ言葉を何度使ってもかまいません。

ない　よう　です　れる　たい　らしい

2　―線部「そう」はどのような意味ですか。ア～ウから選《えら》んで記号に○をつけましょう。

ア　だれかから聞いたこと　イ　自分で考えたこと　ウ　過去《かこ》におきたこと

3　希《き》望《ぼう》の意味を表しているのはどれですか。①～⑥から選《えら》んで、記号で答えましょう。（　　）

ステップ 3

助詞《じょし》と助動詞《じょどうし》

助詞《じょし》・助動詞《じょどうし》（5）

学習した日　月　日

次の文章を読んで、あとの問題に答えましょう。

二人の若《わか》い紳士《しんし》が、すっかりイギリスの兵隊《へいたい》のかたちをして、ぴかぴかする鉄砲《てっぽう》をかついで、白熊《しろくま》のような犬を二匹《にひき》つれて、だいぶ山奥《やまおく》の、木の葉のかさかさしたとこを、こんなことをいいながら、あるいておりました。

「ぜんたい、ここらの山はけしから①ん　ね。鳥も獣《けもの》も一匹《いっぴき》もいやがらん。なん□□かまわないから、早くタンタアーンと、やって見②たい　もんだなあ。」

「鹿《しか》の黄いろな横っ腹《ばら》なんぞに、二三発お見舞《みまい》もうしたら、ずいぶん痛快《つうかい》③だろう　ねえ。くるくるまわって、それからどたっと倒《たお》れるだろうねえ。」

それはだいぶの山奥《やまおく》でした。案内《あんない》してきた専門《せんもん》の鉄砲《てっぽう》打ちも、ちょっとまごついて、どこかへ行ってしまったくらいの山奥《やまおく》でした。

それに、あんまり山がものすごいAので、その白熊《しろくま》の④ような　犬が、二匹《にひき》いっしょにめまいを起こして、しばらくうなって、それから泡《あわ》をはいて死んでしまいました。

（宮沢賢治『注文の多い料理店』より）

1 □□にあてはまる言葉を次のア～ウから選《えら》んで記号に○をつけましょう。

ア とも　イ こそ　ウ でも

2 ―Aと同じような意味になる言葉を次のア～ウから選《えら》んで記号に○をつけましょう。

ア しかし　イ から　ウ しかも

3 ①から③の言葉は、後の□のうち、どれにあたりますか。

①（　　）　②（　　）　③（　　）

ア 希望《きぼう》　イ 打ち消し　ウ 推量《すいりょう》（考えたこと）

4 ④の言葉を、意味を変《か》えずに書きかえます。□にあてはまるように書きましょう。

白熊《しろくま》□□□な犬

ステップ
4

一文の作成《さくせい》（1）

言葉をならべかえて文を作る

学習した日　　月　　日

上の[　]にある言葉をならべかえて、文を作ります。まず、言葉を二つのグループに分けましょう。その後で、一つの文にまとめましょう。

例《れい》

暗くなったら
花火を
みんなで
しよう
外が

外が暗くなったら
みんなで花火をしよう
外が暗くなったら、みんなで花火をしよう。

言葉のつながりを考えてみよう。

①

とても
かれの
ぼくは
はげまされた
言葉に

一つの文にしたときに、全体の述語《じゅつご》になる言葉をさがすといいね。

②

家の
ちがう
風土に
つくりは
気《き》候《こう》や
よって

③

冬じたくを
すむと
始めます
いねかりが
農家は

④

見わけることが
父は
きのこを
できる
食べられない

〈〈〈 答えは「別冊」の 17 ページに！

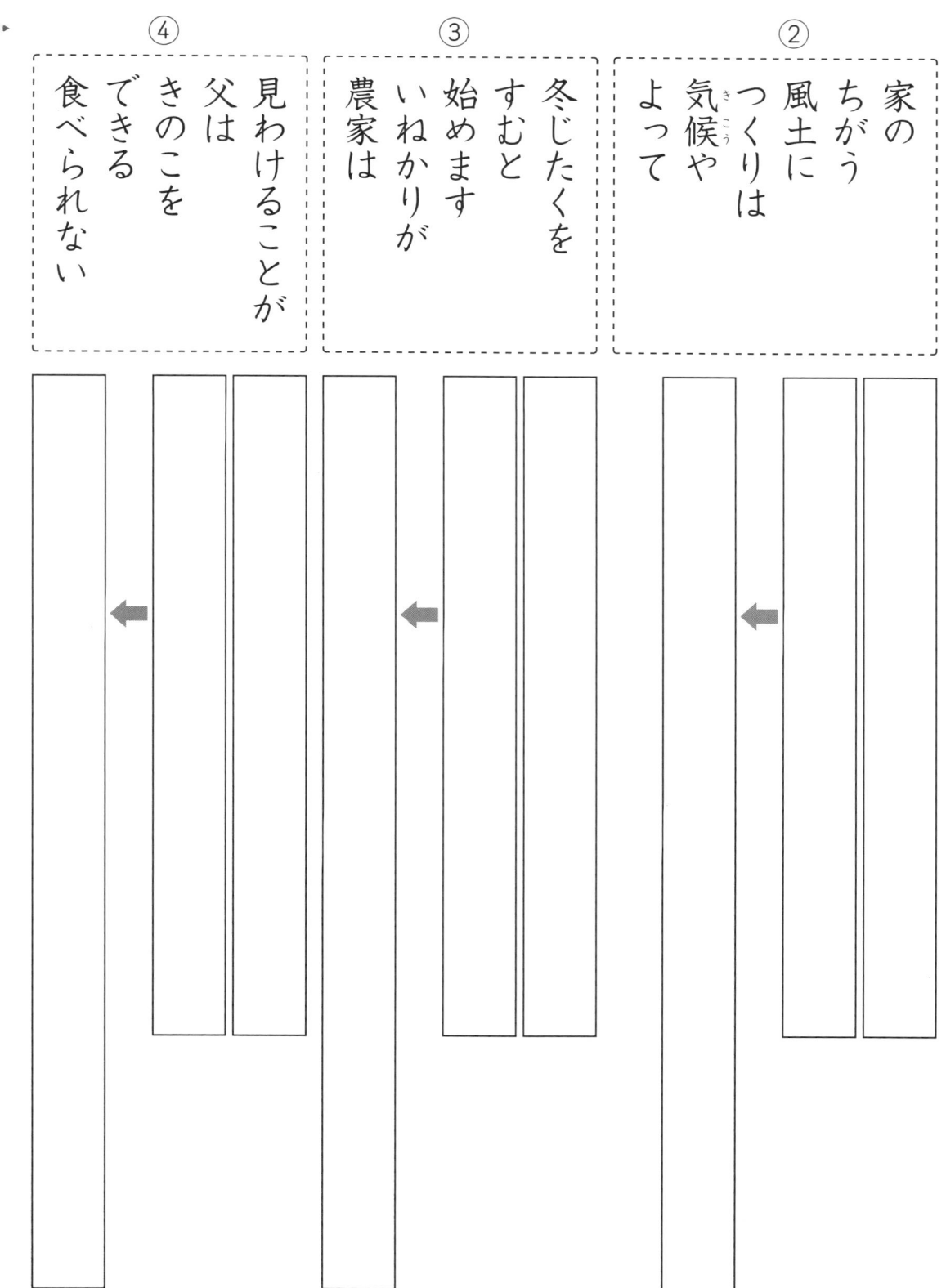

ステップ 4

一文の作成《さくせい》（2）

意味をつけたして文を書こう

もとの文の意味を変《か》えずに、内容《ないよう》をつけたした文を作ります。カズマくんとリサちゃんの書いた文の形を変《か》えて書いてみましょう。

例《れい》

おにを、じゃんけんで決めた。

←

じゃんけんで決めたおにが、数を数える。

「じゃんけんで決めたおに」の部分は、はじめの文と形が変《か》わったけど、意味は変《か》わっていないね。

この本はとてもおもしろい。

←

①あなた

友達《ともだち》の家に持って行きます。

目印《めじるし》は、青い屋根の家です。

←

②あなた

友達《ともだち》の家をさがしました。

学習した日

月　日

③ あなた

友達《ともだち》の家には、犬がいる。

散歩《さんぽ》に連《つ》れて行きました。

④ あなた

公園に散歩《さんぽ》に行った。

きれいなバラの花を見ました。

⑤ あなた

公園のバラは、ボランティアの人たちが育てています。

学校新聞のインタビューを申しこみました。

ステップ 4

形を変《か》えよう

一文の作成《さくせい》（3）

右の文の意味は変《か》えずに、形を変《か》えて左の文を完成《かんせい》させましょう。

※習っていない漢字は、ひらがなで書いてもかまいません。

学習した日　　月　　日

例《れい》

次の試合《しあい》に勝つためには、もっと練習をしなければならない。

←　もっと練習をしなければ、次の試合《しあい》で勝つことはできない。

①

成長《せいちょう》には栄養《えいよう》のバランスのとれた食事が必要《ひつよう》です。

←　成長《せいちょう》に必要《ひつよう》なのは、

②

横浜《よこはま》と神戸《こうべ》には、日本を代表する港があります。

←　

横浜《よこはま》と神戸《こうべ》にあります。

③

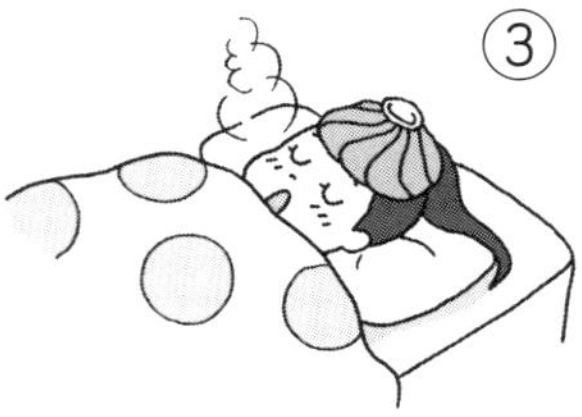

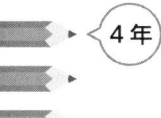

熱《ねつ》が出る原因《げんいん》は、かぜのせいだけとはかぎらない。

かぜだけが、

④

じゃんけんと多数決とでは、どちらが公平に決定できるでしょう。

公平に決定できるのは、

⑤

わたしが外国に行きたいのは、覚《おぼ》えた英語《えいご》を使ってみたいからです。

わたしは外国に行きたい。

〈〈〈 答えは「別冊」の19ページに！

ステップ 4

一文の作成《さくせい》（4）

しょうかい文をまとめよう

学習した日　月　日

学級新聞に、町のしょうかいコーナーを入れることになりました。取材《しゅざい》したメモをもとに、いろんな場所やお店をしょうかいする文を作ります。例《れい》のように、しょうかい文を一文にまとめましょう。

※習っていない漢字は、ひらがなで書いてもかまいません。

例《れい》

取材《しゅざい》メモ

パン屋さん
・ご主人はホテルで修業《しゅぎょう》した。
・ご主人の作るクロワッサンが名物です。

しょうかい文

ホテルで修業《しゅぎょう》したご主人が作るクロワッサンが名物のパン屋さんです。

取材《しゅざい》メモ

公園
・公園には大きな池がある。
・公園の池にはスイレンがさく。

しょうかい文 ①

取材《しゅざい》メモ

市《し》民《みん》会館
・市《し》民《みん》会館では、音楽のコンサートがあります。
・市《し》民《みん》会館では、げきの公演《こうえん》があります。

しょうかい文 ②

取材《しゅざい》メモ

神社
・江戸《えど》時代からある。
・夏祭りには夜店がたくさん出る。

しょうかい文 ③

取材《しゅざい》メモ

図書館
・図書館の5階にはプラネタリウムがある。
・図書館にある本の数は30万さつ以上《いじょう》で、3階にはパソコンコーナーもある。

しょうかい文 ④

本の数のことと、何階に何があるかを分けてまとめるとよいかな。

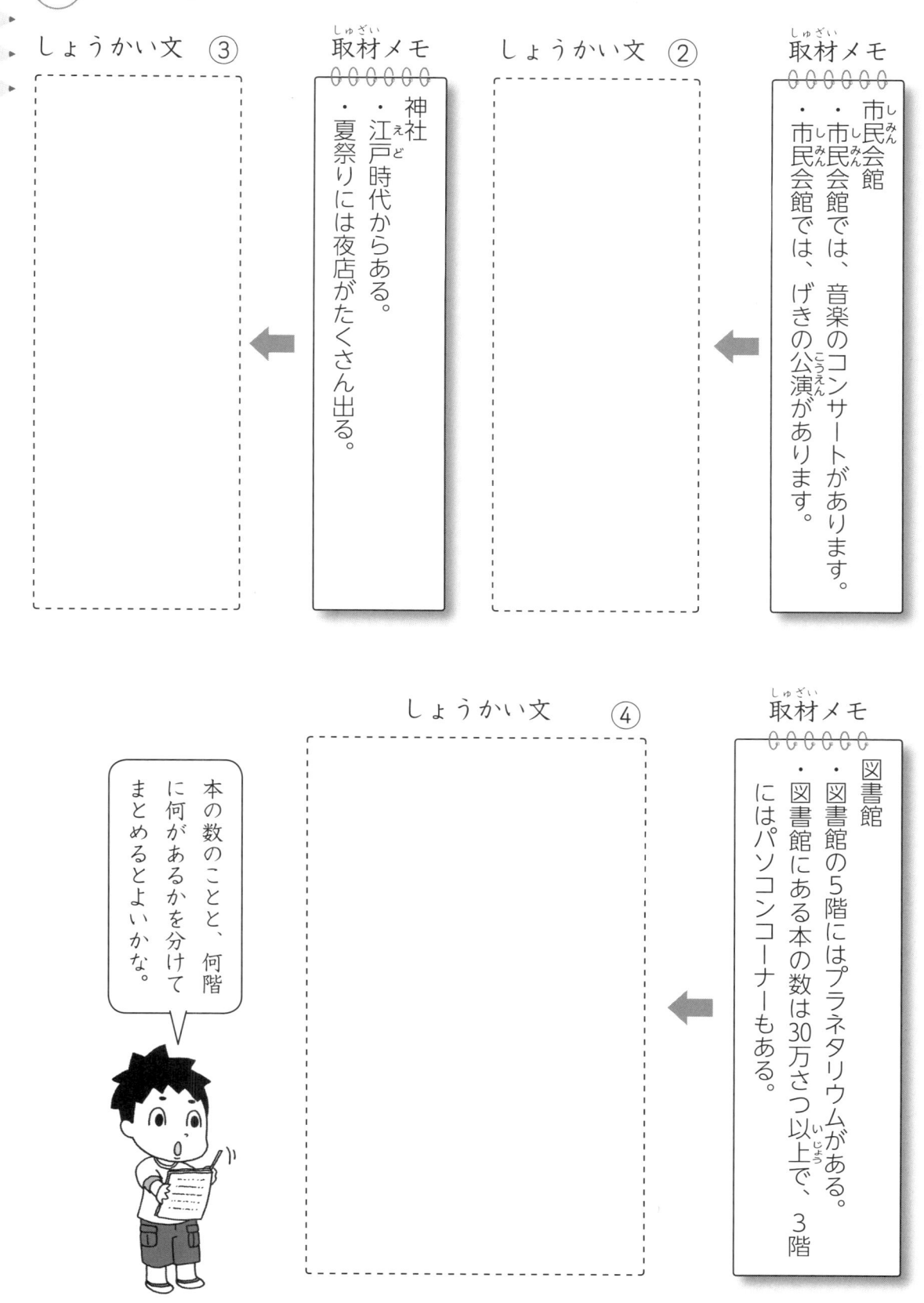

ステップ
4

一文の作成《さくせい》（5）

算数の言葉に変《か》えてみよう

学習した日
月　日

「5より3多い数は8」という文は、「5＋3＝8」という式におきかえて表すことができます。

このように日本語の文を算数の式で表すことを、ここでは「算数の言葉で表す」とよぶことにします。

次の問題に答えましょう。

1 次の（ア）～（エ）の文章を、算数の言葉で表してみましょう。

（ア）35より18大きな数は、53である。

（イ）122と56の大きさのちがいは66である。

（ウ）25の3倍の数は、75である。

（エ）120を4等分した1つ分は、30である。

2 次の問題文を読んで、右ページのように、下線の文を算数の言葉に変《か》えてそれぞれの問題に答えましょう。

> 20分前、ちゅう車場に、①白い車が4台、銀色の車が9台、とまっていました。
> その10分後、②ちゅう車場から白い車と銀色の車が合わせて3台出て行きました。
> そして今、③何台か新しく入って来たので、ちゅう車場には、20分前の2倍の車がとまっています。

（ア）下線部①のときの車の台数の合計を求《もと》めましょう。

（イ）下線部②のとき、ちゅう車場にとまっている車の台数を求《もと》めましょう。

（ウ）下線部③のときの車の台数を求《もと》めます。入って来た数を□として、「考え方」の（　　）にあてはまる数を書きましょう。

> ●考え方
> ・②で車が出ていった後、車の数は（　　　）台になりました。
> ・したがって、③のときの台数は「(　　　）＋□」と表せます。
> ・また③のときの車の台数は、20分前の2倍です。20分前の台数は（　　　）台なので、「(　　　）×2」と表せます。

では、上の考え方を、算数の言葉に表してみましょう。

(　　　　)＋□＝(　　　　)×2

（エ）下線部③で入ってきた車の数を求《もと》めましょう。

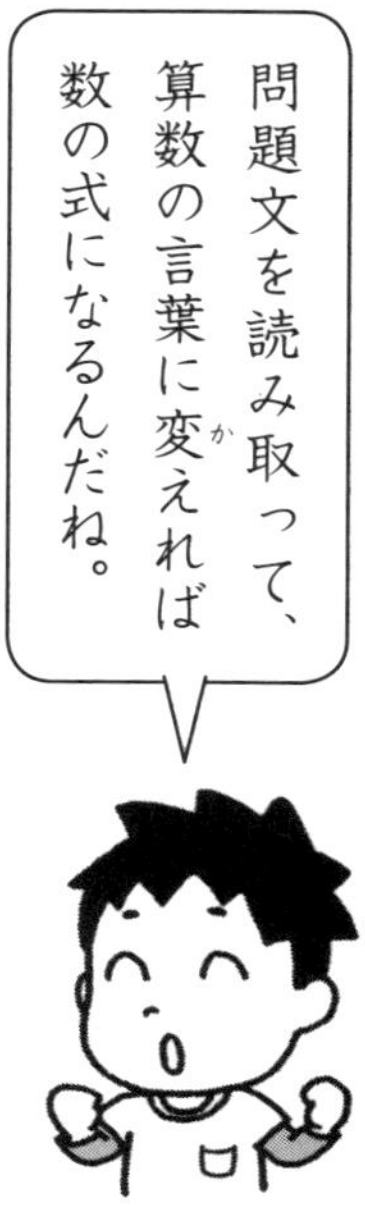
問題文を読み取って、
算数の言葉に変《か》えれば
数の式になるんだね。

ステップ

5

接続《せつぞく》語・指示《しじ》語（1）

接続《せつぞく》語（1）

学習した日　　月　　日

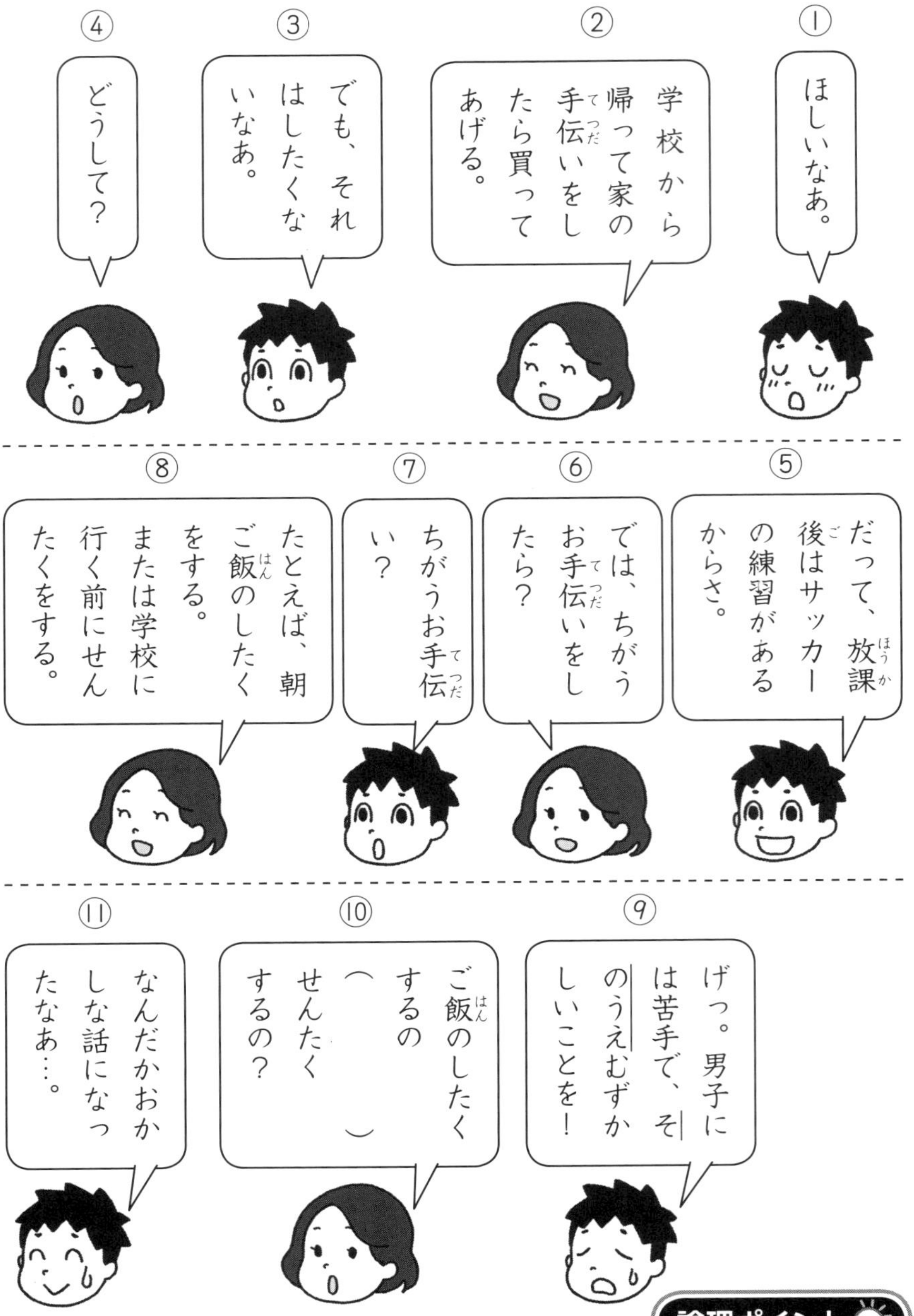
①
ほしいなあ。
②
学校から帰って家の手伝《てつだ》いをしたら買ってあげる。
③
でも、それはしたくないなあ。
④
どうして？
⑤
だって、放課《ほうか》後《ご》はサッカーの練習があるからさ。
⑥
では、ちがうお手伝《てつだ》いをしたら？
⑦
ちがうお手伝《てつだ》い？
⑧
たとえば、朝ご飯《はん》のしたくをする。または学校に行く前にせんたくをする。
⑨
げっ。男子には苦手で、そのうえむずかしいことを！
⑩
ご飯《はん》のしたくするの（　　）せんたくするの？
⑪
なんだかおかしな話になったなあ…。

論理ポイント

●接続《せつぞく》語

接続《せつぞく》語とは、文と文や文と言葉をつなぐ言葉です。

接続《せつぞく》語は文と文がどのような関係《かんけい》かをしめす記号のようなもので、文章を論理《ろんり》的《てき》に読むときの重要《じゅうよう》な手がかりとなります。

文に接続《せつぞく》語が出てきたら、前後の文がどのような関係《かんけい》になるかを読み取りましょう。

●おもな接続《せつぞく》の種類《しゅるい》

順接《じゅんせつ》
前の流れをうけて、次に話を進める。
・ぼくはがんばった。
だから、
一等になった。

逆接《ぎゃくせつ》
前の流れをさえぎり、話の流れを反対にする。
・かれはがんばった。
しかし、
テストの点数はよくなかった。

イコールの関係《かんけい》
内容《ないよう》を言いかえたり、話をまとめたりする。
・かれは試験《しけん》に合格《ごうかく》した。
つまり、
ゆめをかなえたのだ。

右のページの会話を読んで、次の問題に答えましょう。

1 ③のセリフの理由を説明《せつめい》しているのは何番でしょう。　（　　）

2 前の話から、話題を変《か》えているのは何番でしょう。　（　　）

3 ⑦の内容《ないよう》を具体的《ぐたいてき》に説明《せつめい》しているのは何番でしょう。　（　　）

4 ―線「そのうえ」と同じ意味で使う言葉はどれでしょう。
・しかも　・はんたいに　・つまり

5 ⑩の（　）にあてはまる言葉はどれでしょう。
・ところが　・やはり　・それとも

ステップ
5
⇊接続《せつぞく》語・指示《しじ》語（2）

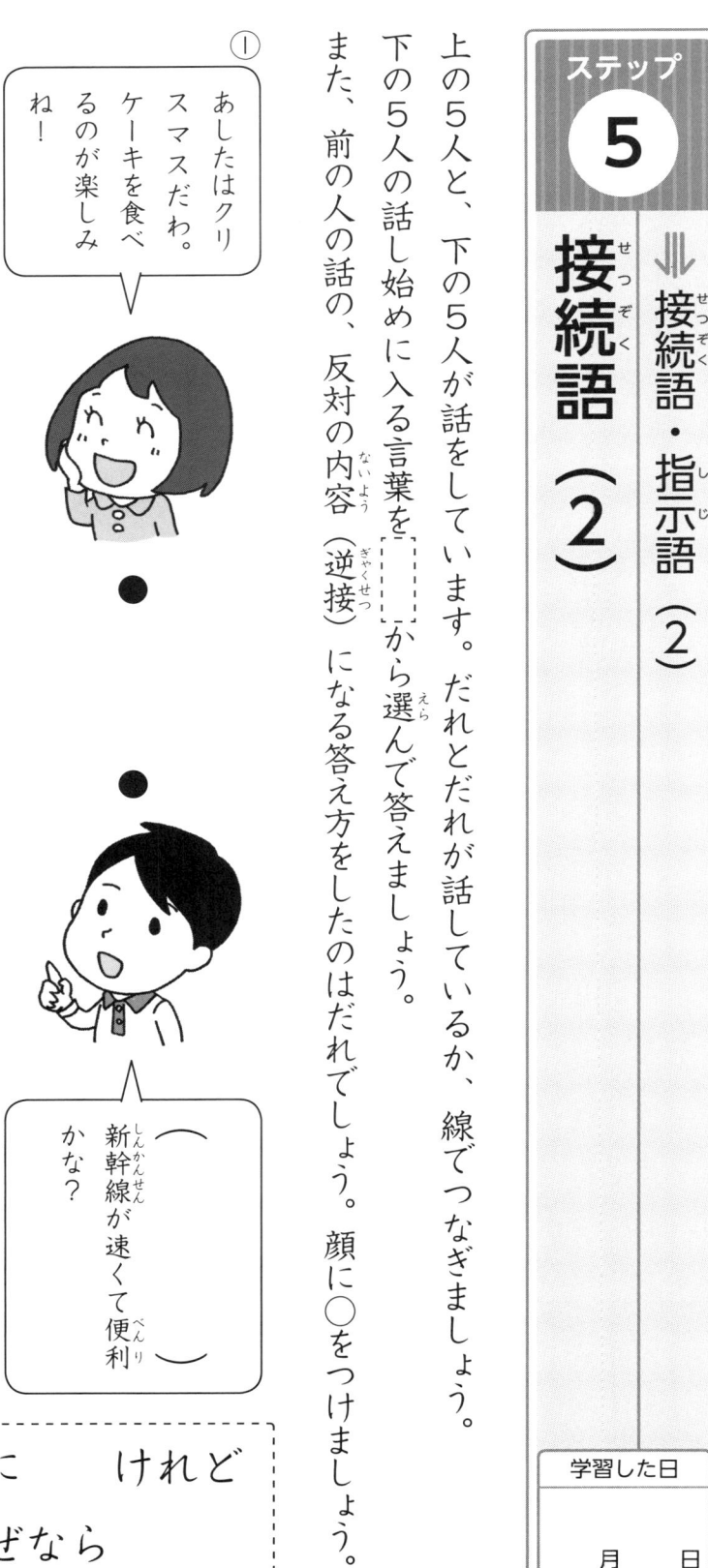

接続《せつぞく》語（2）

上の5人と、下の5人が話をしています。だれとだれが話しているか、線でつなぎましょう。

下の5人の話し始めに入る言葉を[　]から選《えら》んで答えましょう。

また、前の人の話の、反対の内容《ないよう》（逆接《ぎゃくせつ》）になる答え方をしたのはだれでしょう。顔に○をつけましょう。

①
あしたはクリスマスだわ。ケーキを食べるのが楽しみね！
②
わたしは毎日、夜9時までにねるのよ。

（　　）新幹線《しんかんせん》が速くて便利《べんり》かな？

（　　）プレゼントがもらえるのも楽しみよね！

だから　それに　けれど
それとも　なぜなら

学習した日
月　日

③ 東京に行くには飛行機《ひこうき》が速いかな？

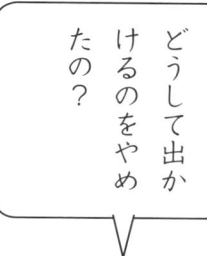

④ 虫歯がいたいけど、歯医者さんに行くのがこわいよ。

⑤ どうして出かけるのをやめたの？

（　　）急にお友達《ともだち》が家に来ることになったからよ。

（　　）毎朝早起きなんだね。

（　　）歯医者さんに行かなきゃ、もっといたくなるよ。

ステップ 5

接続《せつぞく》語・指《し》示《じ》語 (3)

接続《せつぞく》語 (3)

上下左右のつなぐ言葉を選《えら》んで、右上から左下まで文をつないでいきましょう。

ア 絵《え》美《み》さんはいつもより一時間も早く目がさめました。

なぜなら

オ 今日は待ちに待った運動会だからです。

しかし

すると

そして

イ 今日は待ちに待った運動会だからです。

なぜなら

カ 絵《え》美《み》さんは外まどを開けて外を見ました。

または

そのうえ

ところが

ウ 絵《え》美《み》さんは外まどを開けて外を見ました。

なぜなら

キ 空はどんよりとくもっていて、天気がよくありませんでした。

そのうえ

たとえば

すなわち

エ 空はどんよりとくもっていて、天気がよくありませんでした。

なぜなら

ク ぽつりぽつりと雨つぶが落ちてきました。

それで

学習した日

月　日

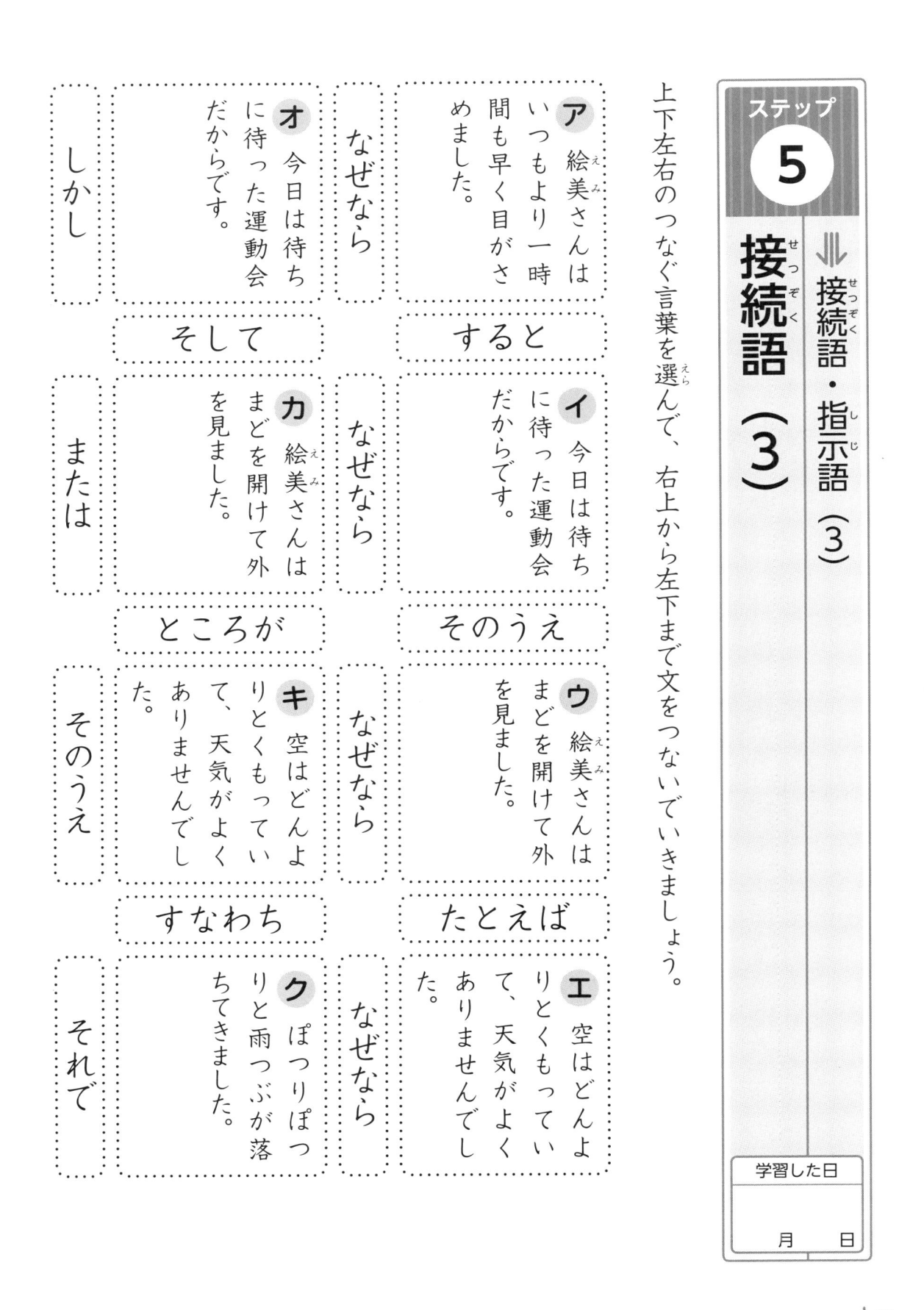

ケ 「絵《え》美《み》、お友《とも》達《だち》から電話よ！」というお母さんの声でまた目がさめました。

しかも

ス 運動会が中止になった知らせだろうと絵《え》美《み》さんは思いました。

すると

チ 空はどんよりとくもっていて、天気がよくありませんでした。

ならびに

なぜなら

ところが

コ 絵《え》美《み》さんは、がっかりして、もう一度ふとんに入って、少しねました。

すると、

セ 「絵《え》美《み》、お友《とも》達《だち》から電話よ！」というお母さんの声でまた目がさめました。

きっと、

ツ 運動会が中止になった知らせだろうと絵《え》美《み》さんは思いました。

なので、

とにかく

しかし、

サ ぽつりぽつりと雨つぶが落ちてきました。

または

ソ 友《とも》達《だち》が「晴れてきたね！早く学校に行こうよ！」と言ったからです。

なぜなら

テ 受《じゅ》話《わ》器《き》をとった絵《え》美《み》さんは、びっくりしました。

とはいえ

そこで

たとえば

シ 運動会が中止になった知らせだろうと絵《え》美《み》さんは思いました。

あるいは

タ 絵《え》美《み》さんはもう一度、まどを開けて外を見ました。

すると、

ト 空が明るくなっています。絵《え》美《み》さんはにっこりしました。

ステップ 5

⇓接続語《せつぞく》・指示語《しじ》（4）

指《し》示《じ》語（1）

ぼくの家の庭にはさくらの木があります。庭のさくらの木は、ぼくが生まれたときに植えたそうです。今、庭のさくらの木は、二階より高くなっています。

作文を書いたんだけど、何だか読みにくいなあ。

指示語《しじ》を使わないからよ。こうすると読みやすいわ。

ぼくの家の庭にはさくらの木があります。その木は、ぼくが生まれたときに植えたそうです。今、それは、二階より高くなっています。

論理ポイント

●指示語《しじ》

指示語《しじ》は「こそあど言葉」ともいい、文の中に出てきたものや内容《ないよう》を言いかえるために使われます。

指示語《しじ》が出てきたら、それが何を指しているか読み取りましょう。

	もの	場所	方角	もの
自分に近い	これ	ここ	こちら こっち	この
相手に近い	それ	そこ	そちら そっち	その
自分も相手も遠い	あれ	あそこ	あちら あっち	あの
はっきりしない	どれ	どこ	どちら どっち	どの

「この」「その」などは、「この本」など、名詞《めいし》につくね。

学習した日　月　日

次の文章は、ケーキ屋さんに来たリサとお母さんの会話です。これを読んで、下の問題に答えましょう。


「うわあ、たくさんのケーキがあるわ」

「好《す》きなものを選《えら》んでいいわよ」

「本当？ でも、たくさんありすぎて、まよってしまうわ…。あれは何のケーキかしら？」

「モンブランというくりのケーキよ」

「ふうん。じゃあ、これは？」

「オペラという、チョコレートのケーキね。②そのとなりにあるのは、いちごのショートケーキよ」

「お母さんは、どれにする？」

「そうねえ、リンゴが好《す》きだからアップルパイにしようかしら」

「じゃあ、わたしも③それにする！」

---

① 「モンブラン」と「オペラ」では、どちらがリサさんの近くにあるでしょう。
（　　　　　）

② 「その」とは、何をさしているでしょう。ケーキの名前で答えましょう。
（　　　　　）

③ 「それ」とは、何をさしているでしょう。ケーキの名前で答えましょう。
（　　　　　）

④ 文中に出てくる「あれ」「これ」「その」「どれ」「それ」のうち、ひとつのケーキをさしていない言葉は何でしょう。
（　　　　　）

ステップ 5

接続語《せつぞく》・指示語《しじ》（5）

指示語《しじ》（2）

学習した日　月　日

1 次の文章を読んで、後の問題に答えましょう。

太陽系《けい》では、八つの星が円をえがくように太陽のまわりを回っています。①これらの星のことを「わく星」といいます。

太陽系《けい》のなかで、太陽のいちばん近くを回っているわく星が水星、その次に近いわく星が金星です。そして、太陽から三番目に近いわく星が地球です。

地球の外を回っているわく星には火星や木星、土星、天王星、海王星があります。②このうち、木星は太陽系最大《けいさいだい》のわく星で、直径《ちょっけい》は地球の11倍にもなります。また、土星は輪《わ》のある星として知られています。輪《わ》のある星には、ほかに天王星や海王星があります。

① 「これらの星」とはどんな星のことですか。ます目に合うように文中の言葉を使って書きましょう。

星。

② 「このうち」とはどんな星のことですか。ます目に合うように文中からぬき出して書きましょう。

わく星。

2 次の文章を読んで、後の問題に答えましょう。

人間や、イヌやネコなどとちがい、お母さんが産《う》んだたまごが巣《す》や水の中でかえることで生まれる動物がいます。スズメなどの鳥《ちょう》類《るい》、メダカなどの魚類《ぎょるい》、バッタなどのこん虫が①このようにして生まれます。

では、たまごを産《う》む動物のお母さんはどれくらいのたまごを産《う》むのでしょう。

地球上でいちばんたまごの数が多いとされるのがマンボウという魚で、一度に約三億個《やくさんおくこ》のたまごを産《う》むといわれています。しかし、そのなかで、無事《ぶじ》に大人のマンボウに育つのは、ごくわずかです。たくさんのたまごを産《う》んでも、そのほとんどはほかの魚に食べられてしまうからです。②そんなわけで、海にいるマンボウの数が急に増《ふ》えることはないのです。

① 「このように」とはどのようなことですか。ます目にあてはまるように書きましょう。

こと。

② 「そんなわけ」とはどのようなことでしょう。

ステップ 6

一文の成《な》り立ちと要点《ようてん》（１）

要点《ようてん》をとらえて一文にする

学習した日　　月　　日

ハイブリッドカーって、かんきょうにいいけど少し高いなあ。
高いけど、かんきょうにはいいんだよね。
どっちなの…？

①ハイブリッドカーは、かんきょうによいが、少し高い。

②ハイブリッドカーは、少し高いが、かんきょうによい。

①と②の文のうち、かんきょうによいことを強く言っているのはどちらでしょう。（　　）

右の二つの文は、言葉の順《じゅん》を変《か》えただけですが、読んだときの感じがちがいますね。

①の文は「高い」が意味の中心になり、②の文は、「かんきょうによい」が意味の中心になります。

文を書くときには、何を言いたいのかがはっきり伝《つた》わるようにしましょう。

文の中心が左の文になるように、二つの文を一つにします。同じ言葉を二回使わないようにしましょう。

※習っていない漢字は、ひらがなで書いてもかまいません。

①

姉は貴重《きちょう》なバイオリンを持っている。

姉のバイオリンは、おじいさんの形見だ。

②

太陽は生物の成長《せいちょう》をささえている。

植物は、太陽の光で光合成《こうごうせい》をおこなう。

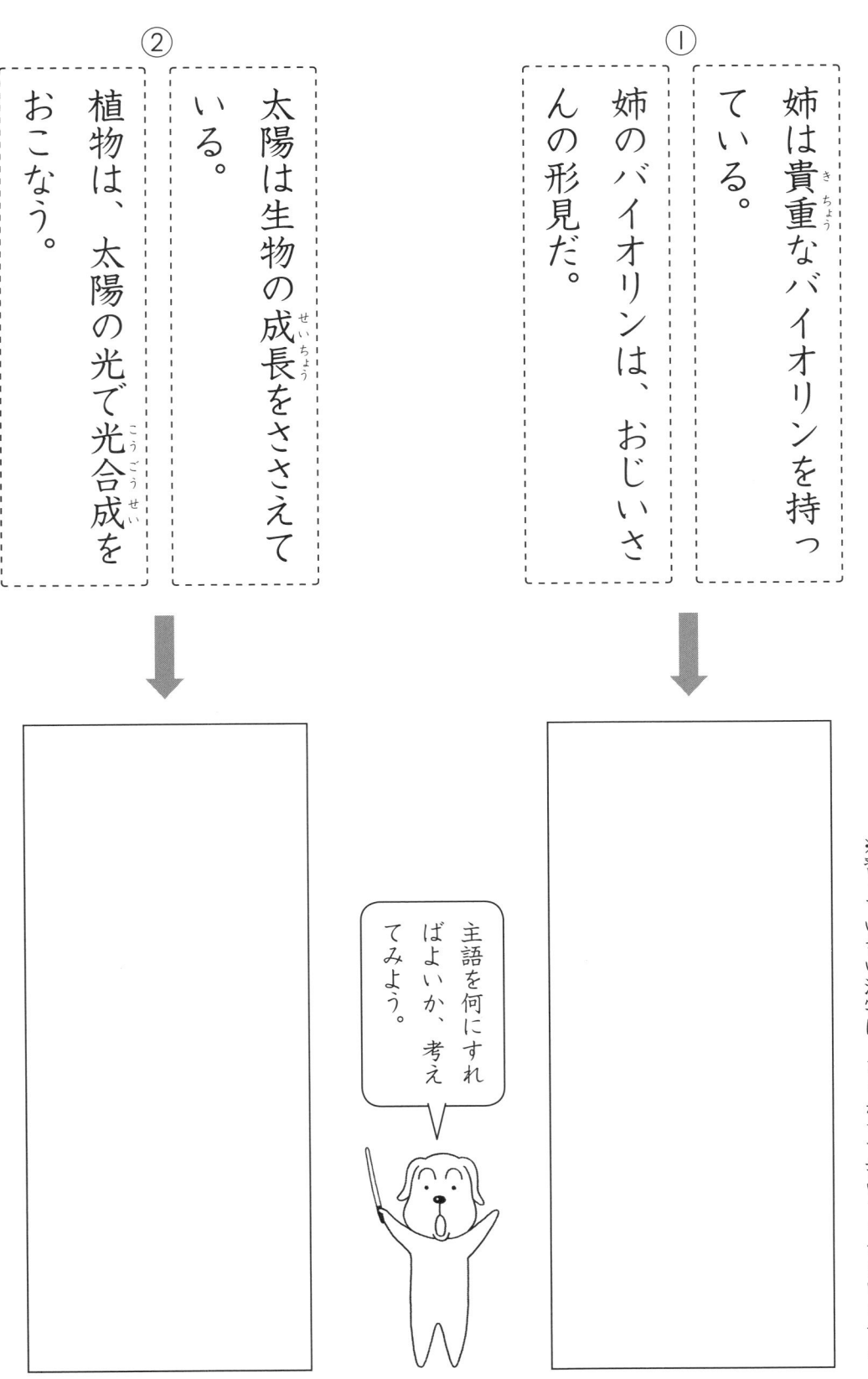

ステップ 6

一文の成《な》り立ちと要点《ようてん》（1）

⇊ 一文の成《な》り立ちと要点《ようてん》（2）

学習した日　　月　　日

次の文はある事典《じてん》に出ていた「エジソン」の説明《せつめい》です。

アメリカのエジソンは、小学校に3か月行っただけでしたが、新聞売りをしながら実験《じっけん》や工作を続《つづ》け、21さいの時、初《はじ》めて特許《とっきょ》を取ると、その後、蓄音機《ちくおんき》や電《でん》灯《とう》など、多くの発明を続《つづ》け「発明王」と呼《よ》ばれました。

少し長い文だね。
長い文は、短くしてみよう。一つの文に主語と述《じゅつ》語《ご》の関係《かんけい》がいくつもあると考えるといいよ。

上の文を、「エジソンは」を主語にして、それぞれに述《じゅつ》語《ご》のある4つの文に分けて書くことができます。

① エジソンは、小学校に3か月行っただけでした。

② エジソンは、新聞売りをしながら実験《じっけん》や工作を続けました。

③ エジソンは、21さいの時、初めて特許《とっきょ》を取りました。

④ エジソンは、蓄音機《ちくおんき》や電灯《でんとう》など、多くの発明を続《つづ》け「発明王」と呼《よ》ばれました。

このように、主語と述語《じゅつご》の関係《かんけい》がいくつもある文があります。長い文を読む場合、いくつかの主語と述語《じゅつご》の関係《かんけい》を見つけましょう。ばらばらにすることで、意味がわかりやすくなります。

じゃあ、別《べつ》の人物も調べてみよう。

これは日本の冒険《ぼうけん》家《か》の植村直己《うえむらなおみ》という人について説明《せつめい》した文だよ。

※五大陸《ごたいりく》の最高峰《さいこうほう》登頂《とうちょう》をはたし、北極《ほっきょく》の氷原を犬ゾリで走りぬき、1984年2月に真冬の※マッキンリーで行方不明《ゆくえふめい》になるまで、植村直己《うえむらなおみ》はつぎつぎと新しい目《もく》標《ひょう》をさだめて、人間の限界《げんかい》に挑戦《ちょうせん》した冒《ぼう》険家《けんか》です。

※五大陸の最高峰…五大陸はユーラシア大陸、北アメリカ大陸、南アメリカ大陸、アフリカ大陸、オーストラリア大陸。最高峰とは、それぞれの大陸でいちばん高い山のこと。

※マッキンリー…アラスカにある北アメリカ大陸でいちばん高い山。標高《ひょうこう》は6194m。

右のページと同じように、上の文を主語と述《じゅつ》語《ご》のある5つの文に分けて書きましょう。

※習っていない漢字は、ひらがなで書いてもかまいません。

①

②

③

④

⑤

ステップ 6

⇓ 一文の成《な》り立ちと要点《ようてん》（3）

一文の成《な》り立ちと要点《ようてん》（2）

学習した日

月　日

次の文は「ごんぎつね」という物語の一場面です。これを読んで後の問題に答えましょう。

「ごん」は、村の近くの山にすむ、いたずら好《ず》きのこぎつねです。

> 十日ほどたって、ごんが、弥助《やすけ》というおひゃくしょうのうちのうらを通りかかりますと、そこのいちじくの木のかげで、弥助《やすけ》の家内《かない》が、※お歯黒《はぐろ》をつけていました。
>
> （新美南吉『ごんぎつね』より）

※お歯黒…昔、けっこんした女の人が歯を黒くそめるために使ったもの。

上の文を、意味の上で二つに分けると、左のようになります。

> 十日ほどたって、ごんが、弥助《やすけ》というおひゃくしょうのうちのうらを通りかかりますと、
>
> そこのいちじくの木のかげで、弥助《やすけ》の家内《かない》が、お歯黒《はぐろ》をつけていました。

二つに分けた部分のそれぞれから、主語と述語《じゅつご》にあたる部分をぬき出しましょう。


主語がとちゅうで変《か》わっていることがわかりましたか？

このように、長い文は述語《じゅつご》になる言葉を見つけて、それぞれの主語をはっきりさせると、文の意味がよくわかります。

次の文を読んで、後の問題に答えましょう。

クモはこん虫の仲間《なかま》ではないので羽がありませんが、コガネグモというクモの子どもは、おしりから長い糸を出し、風に乗って遠くまで飛《と》んでいくことができます。

① この文を、意味の上から二つに分かれるように、線で囲《かこ》みましょう。

② 二つに分けた前の部分と後の部分は、それぞれ何について書いてありますか。□にあてはまるように書きましょう。

・前の部分…□□について。

・後の部分…□□□□□という□□の□□□について。

③ 二つに分けた後の部分を、さらに2つに分けます。それぞれに主語と述語《じゅつご》がある文に直して書きましょう。

ステップ 6

かけ算の文とわり算の文

一文の成《な》り立ちと要点《ようてん》（4）

1 算数の問題文（ア）を読んで、①と②の問題に答えましょう。

（ア）

> ゆうと君とたくや君は、シールを集めています。
> ゆうと君は16まいのシールをもっていて、たくや君はゆうと君の２倍のシールをもっているとすると、たくや君は何まいのシールをもっているでしょう。

① この問題で何を答えればよいか、23文字（句《く》読点《とうてん》をふくむ）で書き出しましょう。

② この問題は、何算で計算すれば、答えることができるでしょう。また、それがわかる部分を、問題文から22文字で書き出しましょう。

答えを求《もと》める計算

それがわかる部分

学習した日

月　　日

2 算数の問題文（イ）を読んで、①と②の問題に答えましょう。

（イ）

24 このみかんを、ゆかさん、さおりさん、直子《なおこ》さんが同じ数ずつ分けた後、ゆかさんがさおりさんにいくつかのみかんをあげると、直子《なおこ》さんのみかんの数はゆかさんの２倍になりました。さおりさんのみかんは何こでしょう。

① この問題は、３つの式でとくことができ、そのうち２つはわり算の式です。わり算の式をみちびくことができる部分を問題文から２つぬき出しましょう。

② さおりさんのみかんの数を求《もと》めるには、たし算を使います。それがわかる部分を問題文からぬき出しましょう。

ステップ 6

豆電球に明かりをつける

一文の成り立《な》ちと要点《ようてん》（5）

学習した日
月　日

次の文章を読み、下の問題に答えた後で、左のページの問題に答えましょう。

① Aかん電池、どう線、豆電球を使って明かりをつけるには、Bかん電池の＋(プラス)極《きょく》、どう線、豆電球、どう線、かん電池の－(マイナス)極《きょく》が、Cこの順番《じゅんばん》でDひとつの輪《わ》になるようにEつなぎます。

② このようにつなぐことで電気の通り道ができ、電気が流れることで明かりがつくのです。

③ どう線と同じように、くぎやクリップは金ぞくでできているので、どう線とどう線の間にくぎやクリップをつなぐと明かりがつきます。

④ しかし、どう線とどう線の間に、本や消しゴムなどの金ぞくでないものをつなぐと、電気の通り道をふさぐことになってしまうので明かりはつきません。

---

①の文を上のようにA～Eに分けました。ステップ２で学習した図にあてはまるように、記号を書き入れましょう。

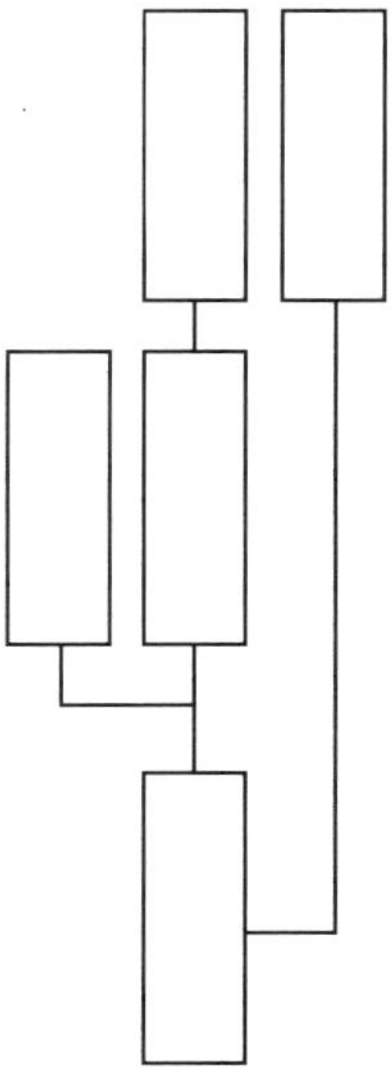

③の文で、どう線とどう線の間につないだものを２つ書きましょう。

（　　　　）（　　　　）

③の文の主語と述語《じゅつご》をつないで文にしましょう。

（　　　　）

④の文で、どう線とどう線の間につないだものを２つ書きましょう。

（　　　　）（　　　　）

④の文の主語と述語《じゅつご》をつないで文にしましょう。

（　　　　）

右の文章をもとに、次のア～カのつなぎ方をしたときに明かりがつくものには□に○を、明かりがつかないものには×をかきましょう。
また、つかないものはなぜつかないのか、□に理由を書きましょう。

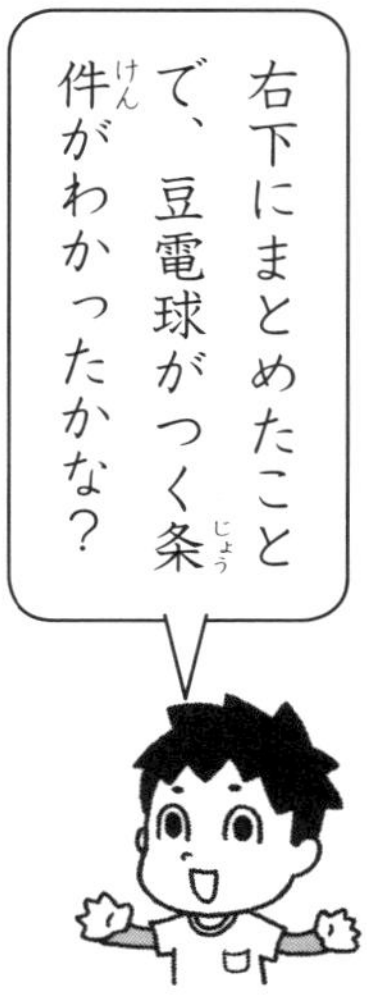
右下にまとめたことで、豆電球がつく条《じょう》件《けん》がわかったかな？

ア

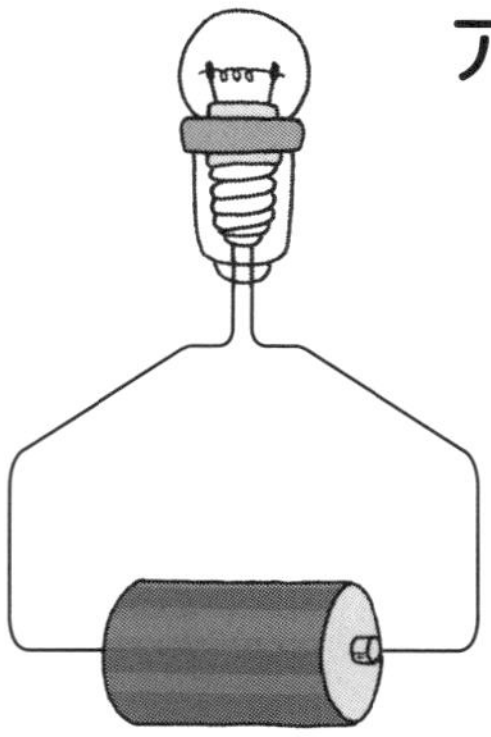

イ

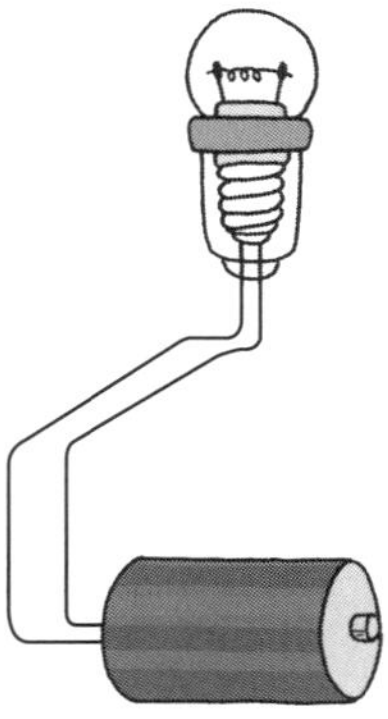

ウ

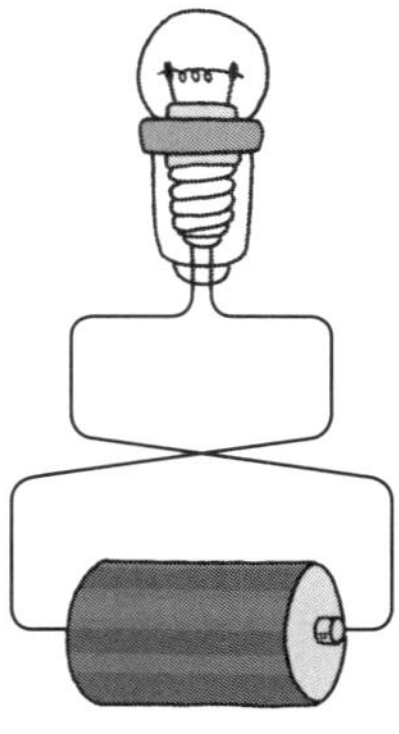

エ

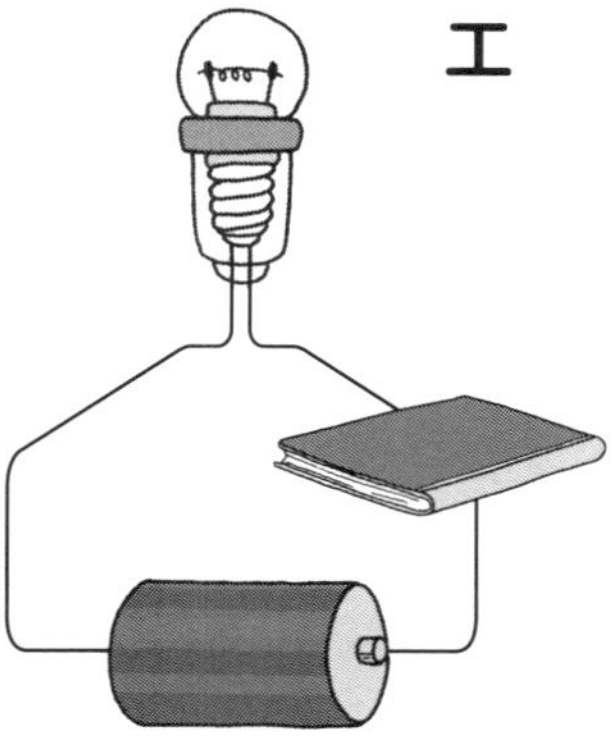

オ

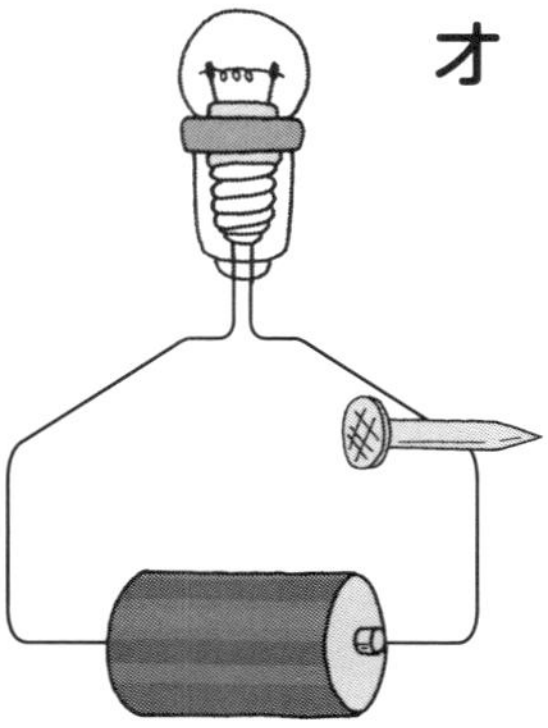

カ

出口汪（でぐち・ひろし）

1955年、東京都生まれ。30年以上にわたって受験生の熱い支持を受ける大学受験現代文の元祖カリスマ講師。全国の学校・塾で採用され、目覚ましい効果を挙げている言語トレーニングプログラム「論理エンジン」の開発者として、その解説と普及に努めている。

論理エンジン ▶ https://ronri.jp

▶STAFF◀
イラスト ◎ 設樂みな子
表紙デザイン ◎ 与儀勝美
構成協力 ◎ 小倉宏一（ブックマーク）
石川享（タップハウス）
編集協力 ◎ いしびききょうこ（ニコワークス）
高橋沙紀／葛原武史・和西智哉（カラビナ）
ファーマット作成 ◎ 武井千鶴・カラビナ
本文DTP ◎ 中嶋正和（Que）
編集 ◎ 堀井寧（小学館）

出口汪の日本語論理トレーニング 小学四年 基礎編

2012年11月25日 第1版第1刷発行
2025年4月26日 第10刷発行

著　者 ● 出口 汪
発行人 ● 北川 吉隆
発行所 ● 株式会社 小学館
〒101-8001 東京都千代田区一ツ橋2-3-1
電　話 ● 編集 (03)3230-5689
販売 (03)5281-3555
印刷所 ● 三晃印刷株式会社
製本所 ● 株式会社難波製本

ISBN978-4-09-837735-0

おわりに

　さて、「基礎編」が終了しましたが、国語は日本語だから何とかなるとか、所詮センス・感覚だから他の教科と違って学習しても効果がないといった考えは一変したと思います。

　私たちは生涯にわたって日本語を使って生活をし、それと同時に学習します。その日本語の正確な使い方を小学生の内に身につけたかどうかで、その後の人生は決定的に違ったものとなるのです。

　まだ論理力を獲得するためのトレーニングは始めたばかりです。ぜひ間を置かずに「習熟編」で、論理のすごさを体感して欲しいと思います。

出《で》口《ぐち》 汪《ひろし》の
日本語論理
トレーニング 基礎編

論理エンジンJr.《ジュニア》 4年

答えと くわしい考え方

出口 汪＝著

小学館

論理エンジンJr.《ジュニア》 4年

答えと
くわしい考え方

―― 答えとくわしい考え方の使い方 ――

・ここには本文の解答と、それに対するくわしい考え方が記されています。

・上段には本文ページを縮小したものが、淡いグレーで表示されています。
その中で、解答だけが濃い黒で表示されています。

・下段には上段のページのくわしい考え方が記されています。

・論理エンジンは正解率を競う教材ではありません。言葉のとらえ方、
考え方をトレーニングするためのものですので、正解した場合でも下段を
よく読んでください。

・不正解の場合も、自信を失う必要はありません。下段の考え方を参考に、
納得できるまで練習してください。

小学館

▶ 4～5ページの答え

4年 ステップ 1 一文の要点

ステップ 1

文の中心

一文の要点《ようてん》（1）

学習した日 月 日

これから、日本語を正しく読み、論理的《ろんりてき》に考えるトレーニングをしましょう。

みんなのしこしょうかいの中から「どうする」や「どんなだ」「何だ」にあたる言葉を□に書き出しましょう。

今日からぼくは「論理エンジン」の勉強をがんばります。

がんばります

・カズマ

わたしは、カズマの友達の、リサです。

リサです

・リサ

ぼくは言葉を話す犬です。

犬です

・アズキ

●文の中心は述語

上の問題の答えになっている部分を述語といいます。文の中でいちばん重要なのは述語です。カズマくんの文では「がんばります」が全体の意味の中心になります。

述語には次のような形があります。

・どうする。（どうした）　→鳥がいっせいに飛び立った。
・どんなだ。　→この本は、とてもむずかしい。
・何だ。　→わたしは小学四年生です。

文の意味をとらえるときは、まず述語をさがしましょう。

4

次の文を読んで、問題に答えましょう。

① このビルは、とても高い。
ビルはどんな様子ですか。

高い

② まどから見えるのは、ヒマワリです。
見えるのは何ですか。

ヒマワリです

③ お母さんは自転車で買い物に出かけました。
お母さんはどうしましたか。

出かけました

「（ビルは）どんなだ」「（見えるのは）何だ」「（お母さんは）どうした」と、文の意味の中心が述語になっていることがわかるね。

5　答えは「別冊」の２ページに！

くわしい考え方

子どもたちは何となく日本語を使い、何となく文章を読んでいると思います。それでは考える力を養成することなどできません。

「考える」とは、日本語を使って考えることで、そのためには日本語の使い方を徹底的に意識させることが必要です。

では、「どう考えるのか」というと、自己流に考えるのではなく、「論理的に考える」のです。それは言葉の規則に従って考えることを意味します。

そこで、まずは一文を規則に従って読み取るトレーニングから始めましょう。

言葉は並列的に並べてあるわけではありません。中心となる言葉（要点）と、それを説明する言葉とがあります。

一つの文において、中心になる言葉は述語です。まずその述語を意識させることが大切です。何となく文を読むのではなく、目の付け所をもって文を読むのです。

カズマ・リサ・犬のアズキのせりふを読んで、中心となる言葉に着目させてください。

述語が大切なことを子どもたちに考えさせることが大切です。たとえば①で、「このビルは、とても。」では、いったい何のことかわかりません。「このビルは、とても高い。」で初めて文が成り立ちます。逆に、「とても」がなくても、「このビルは、高い。」となって、文は立派に成立するわけです。

もちろん、「とても高い」でも意味は通じますが、やはり、文は成り立ちません。もしかすると、「値段が高い」かもしれないからです。

そこで、次に「主語」が大切だとわかります。

▶ 6～7ページの答え

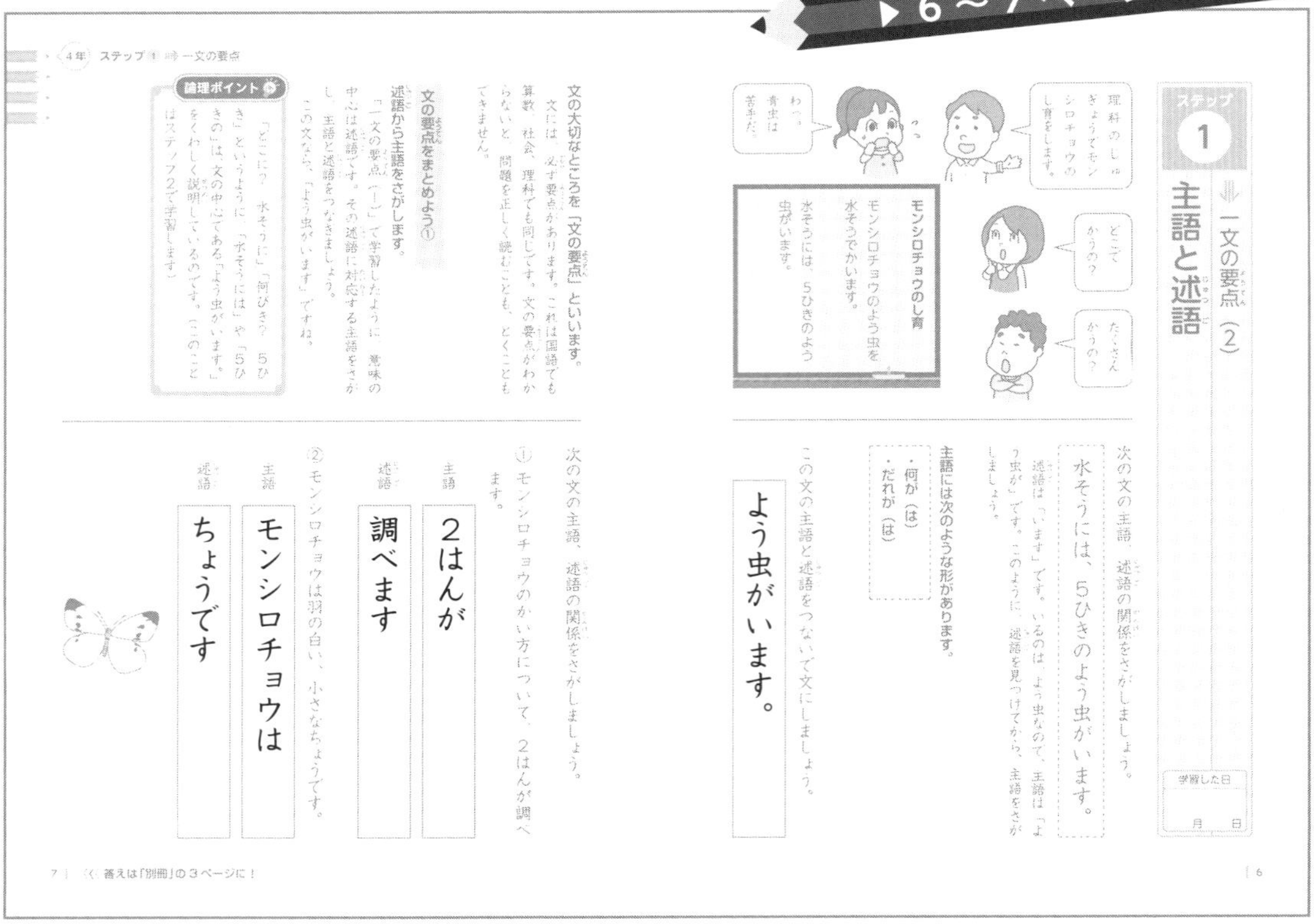

ステップ 1

一文の要点（2）

主語と述語

学習した日　月　日

理科のしゅぎょうでモンシロチョウのし育をします。

わっ。青虫は苦手だ。

どこでかうの？

たくさんかうの？

モンシロチョウのし育

モンシロチョウのよう虫を水そうでかいます。

水そうには、5ひきのよう虫がいます。

次の文の主語、述語の関係をさがしましょう。

水そうには、5ひきのよう虫がいます。

述語は「います」です。いるのは、よう虫なので、主語は「よう虫が」です。このように、述語を見つけてから、主語をさがしましょう。

主語には次のような形があります。

- 何が（は）
- だれが（は）

この文の主語と述語をつないで文にしましょう。

よう虫がいます。

6

4年　ステップ 1　一文の要点

文の大切なところを「文の要点」といいます。

文には、必ず要点があります。これは国語でも算数、社会、理科でも同じです。文の要点がわからないと、問題を正しく読むことも、とくこともできません。

文の要点をまとめよう①

述語から主語をさがします。

「一文の要点（一）」で学習したように、意味の中心は述語です。その述語に対応する主語をさがし、主語と述語をつなぎましょう。

この文なら、「よう虫がいます」ですね。

論理ポイント

「どこに？　水そうに」「何びき？　5ひき」というように、「水そうには」や「5ひきの」は、文の中心である「よう虫がいます。」をくわしく説明しているのです。（このことはステップ2で学習します）

次の文の主語、述語の関係をさがしましょう。

① モンシロチョウのかい方について、2はんが調べます。

主語　2はんが

述語　調べます

② モンシロチョウは羽の白い、小さなちょうです。

主語　モンシロチョウは

述語　ちょうです

7　答えは「別冊」の3ページに！

くわしい考え方

一文とは、文の冒頭から句点（。）までのことで、どんな難解な文章でもこの一文の集まりにすぎません。国語の設問でも傍線部はほとんどが一文です。

一文の要点は主語と述語です。あとはその説明の言葉にすぎません。この主語と述語を読み取るトレーニングをすることで、複雑な文でも正確に意味をつかむことができるし、逆に、主語と述語の関係が明確な、正確な文を書くこともできるようになります。

この主語と述語が、一文の中の最も大切な要素で、それを要点といいます。もちろん、長い文章にも要点があるので、それらは文章を論理的に読んでいくことで自ずと明らかになります。それは先の話なので、とりあえずここでは一文の中では主語と述語が大切な要素で、それを要点ということだけ理解しておきましょう。

論理力を身につけるためには、規則に従って言葉を扱うことが大切でした。ここでは必ず述語から探させるようにしましょう。なぜなら、主語は省略されることが多いからです。

① 述語は「調べます」で、「だれが」にあたる「2はんが」が、主語。

② 「ちょうです」が述語で、「何は」にあたる「モンシロチョウは」が主語。

▶8～9ページの答え

ステップ1
一文の要点（3）
要点になる言葉

えさは何かな？
キャベツの葉っぱだよ！
では、黒板にまとめるよ。

モンシロチョウのし育
モンシロチョウのよう虫は、キャベツの葉を食べます。

次の文の主語、述語の関係をさがしましょう。

モンシロチョウのよう虫は、キャベツの葉を食べます。

この文の述語は「食べます」です。食べるのは、よう虫です。主語は「よう虫は」ですね。

この文の主語と述語をつないで文にしましょう。

よう虫は食べます。

これだけだと何を食べるのかわからないなあ。
何か言葉をつけたすといいのかな。

学習した日　月　日

8

4年　ステップ1　一文の要点

文の要点をまとめよう②
たりない言葉をつけたします。

この文の主語と述語をつないで文にすると、次のようになります。

よう虫は食べます。

主語と述語をつなぐと、文の中心はわかりますが、意味がわかりにくい場合があります。

そのときは、意味がわかる文になるように、言葉をつけたしましょう。

つけたすときも、述語から考えることが大切です。述語は「食べます」ですね。何を食べるのでしょう。

よう虫は（キャベツの葉を）食べます。

意味が通る文になると、要点がわかります。

①主語、述語を見つける。
②意味がわからなければ、述語から考えて、必要な言葉をつけたす。
という順番ね。

次の文の主語と述語を書きましょう。主語と述語を見つけたら、述語から考えて必要な言葉をつけたし、文の要点をまとめましょう。

①モンシロチョウのよう虫は、青虫ともよばれます。

主語　よう虫は
述語　よばれます
要点　よう虫は、青虫ともよばれます。

②モンシロチョウは、キャベツの葉にたまごを産みます。

主語　モンシロチョウは
述語　産みます
要点　モンシロチョウはたまごを産みます。

9　＜＜＜答えは「別冊」の４ページに！

くわしい考え方

主語と述語という考えをもっと推し進めると、一文の要点となります。しかし、要点となる言葉は主語と述語だけとは限りません。そのようなときは、他の要点となる言葉を補わなければ、意味を理解する文になりません。

ここでは要点となる言葉と、それを説明する言葉を区別することから始めましょう。こうした訓練は、記述式問題の解答を作成するときにも非常に有効です。さらに、言葉を何となく感覚的に扱うのではなく、日本語の規則に従って扱う訓練ともなるのです。

①述語は「よばれます」で、主語は「よう虫は」です。そこで「よう虫はよばれます」となりますが、いったい何とよばれているのか分からずこれだけでは文は完成しません。そこで「青虫とも」を補います。

②述語は「産みます」で、主語は「モンシロチョウは」。これだけでは何を産むのか分からないので「たまごを」を補います。

▶10～11ページの答え

ステップ 1

一文の要点（4）

主語のない文

学習した日　月　日

次の文を読んで、後の問題に答えましょう。

モンシロチョウの観察日記をつけました。

この文の述語を答えましょう。

つけました

この文の主語を答えましょう。主語がなければ述語にふさわしい主語を考えましょう。

ぼくは（わたしは）

述語は「つけました」です。何をつけたかというと「観察日記を」ですね。したがって、主語は観察日記をつけただれかだと考えます。

よう虫がさなぎになったね。

さなぎって何を食べるの？

観察日記をつけたよ！

モンシロチョウの育ち方
よう虫がさなぎになる。
さなぎの間は何も食べない。

主語がない文は、述語から主語を考えてみよう。

10

4年　ステップ1　一文の要点

次の文の主語と述語を書きましょう。主語がない場合は、なしと書きましょう。

① 先生が、モンシロチョウの育ち方を黒板にまとめます。

主語　先生が　述語　まとめます

② モンシロチョウのよう虫は、キャベツの葉を食べて育ちます。

主語　よう虫は　述語　育ちます

③ たっぴをして、やがてさなぎになります。

主語　なし　述語　なります

④ 友だちのつけた観察日記を読ませてもらいました。

主語　なし　述語　読ませてもらいました

述語とつながる主語をさがすよ。

読むのはだれかしら？

11　答えは「別冊」の５ページに！

くわしい考え方

主語の省略の問題です。現代語において、主語は省略されることが多いので、述語から探すようにしましょう。

英語では基本的に主語を省略することはできません。なぜなら、主語を省略したなら命令文となってしまうからです。ということは、英語はまず「私＝I」の意識が明確な言語ということができるでしょう。日本語では、あえて「私」を省略したり、ぼかしたりすることが多いのです。

現代文では、前の文と主語が変わらないときだけ省略できますが、主語が変われば、省略することができません。ところが、古文では、前の文と主語が変わっても、平気で省略してしまいます。だから、述語に着目して、省略された主語を補っていかなければ、古文の読解はできません。

①述語が「まとめます」で、「だれが」にあたる「先生が」が主語。
②述語は「育ちます」で、「何が」にあたる「よう虫は」が主語。
③「なります」が述語で、「何が」にあたる主語は省略。
④「（読ませて）もらいました」が述語で、「だれが」にあたる「私は」は省略。

▶12～13ページの答え

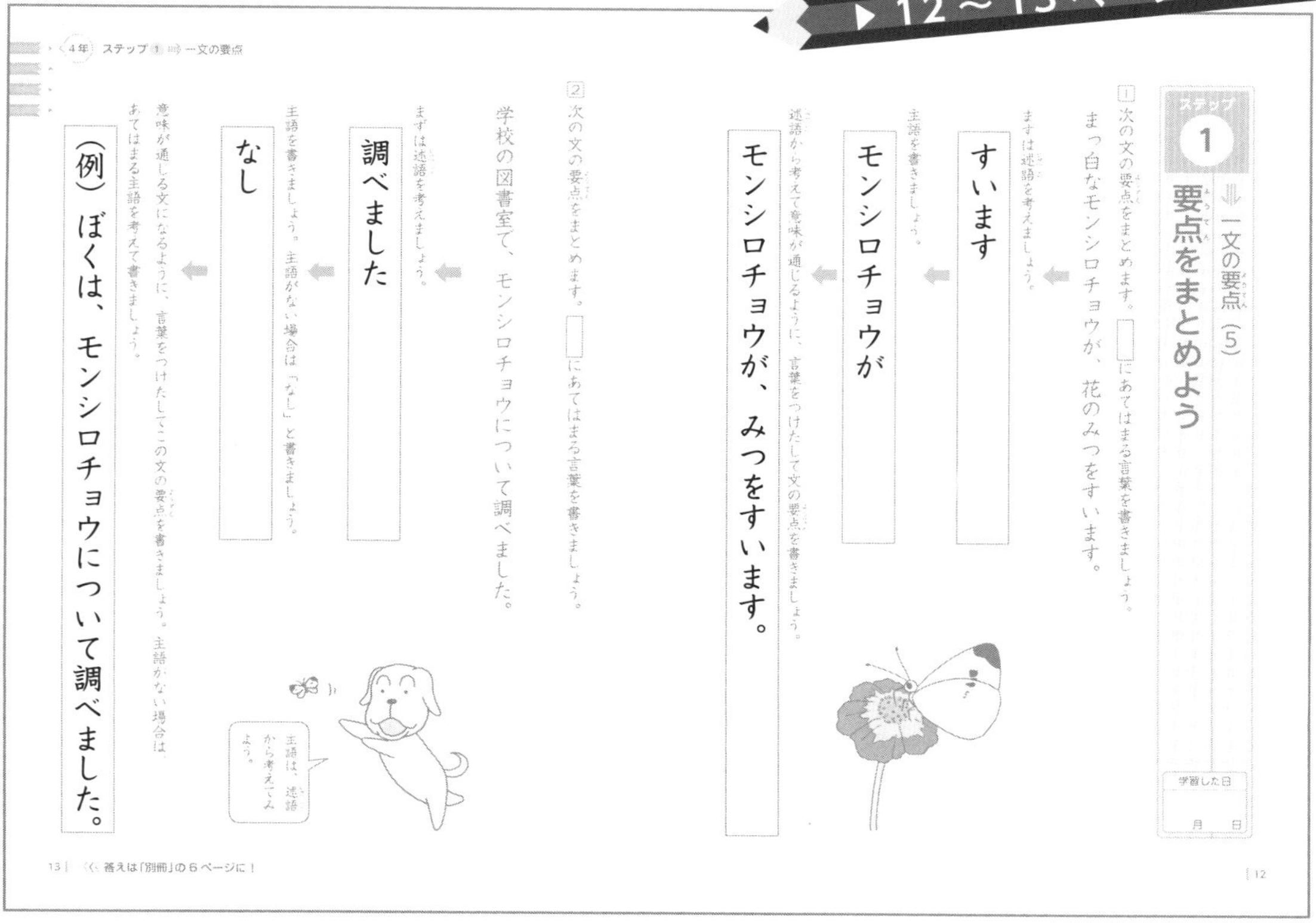

ステップ1　一文の要点《ようてん》（5）

要点《ようてん》をまとめよう

学習した日　月　日

1 次の文の要点《ようてん》をまとめます。□にあてはまる言葉を書きましょう。

まっ白なモンシロチョウが、花のみつをすいます。

まずは述語《じゅつご》を考えましょう。

すいます

主語《しゅご》を書きましょう。

モンシロチョウが

述語《じゅつご》から考えて意味が通じるように、言葉をつけたして文の要点《ようてん》を書きましょう。

モンシロチョウが、みつをすいます。

12

4年　ステップ1　一文の要点

2 次の文の要点《ようてん》をまとめます。□にあてはまる言葉を書きましょう。

学校の図書室で、モンシロチョウについて調べました。

まずは述語《じゅつご》を考えましょう。

調べました

主語を書きましょう。主語がない場合は「なし」と書きましょう。

なし

意味が通じる文になるように、言葉をつけたしてこの文の要点《ようてん》を書きましょう。主語がない場合は、あてはまる主語を考えて書きましょう。

（例）ぼくは、モンシロチョウについて調べました。

主語は、述語《じゅつご》から考えてみよう。

13　答えは「別冊」の６ページに！

くわしい考え方

ここまでの復習。完全にできるようにしてください。まちがえたら、「一文の要点（1）」にもどって学習しましょう。

ただし、何が「主語」「述語」かという文法的な問題は、学者でも意見がわかれるところです。「論理エンジン」はあくまで論理力を鍛えるためのプログラムであり、そのためには言葉を一定の規則に従って扱うことが必要なのであって、あまり細かい文法的事項にこだわることはありません。

一文にも要点となる言葉と飾りの言葉があることを意識できれば、十分ステップ1は合格です。

①述語は「すいます」で、「何が」にあたる「モンシロチョウが」が主語。「モンシロチョウがすいます」だけでは何をすうか分からないので、「みつを」を補います。

②「調べました」が述語で「だれが」にあたる「私（ぼく）は」は省略。何について調べたのか分からないので「モンシロチョウについて」を補います。

▶ 14～15ページの答え

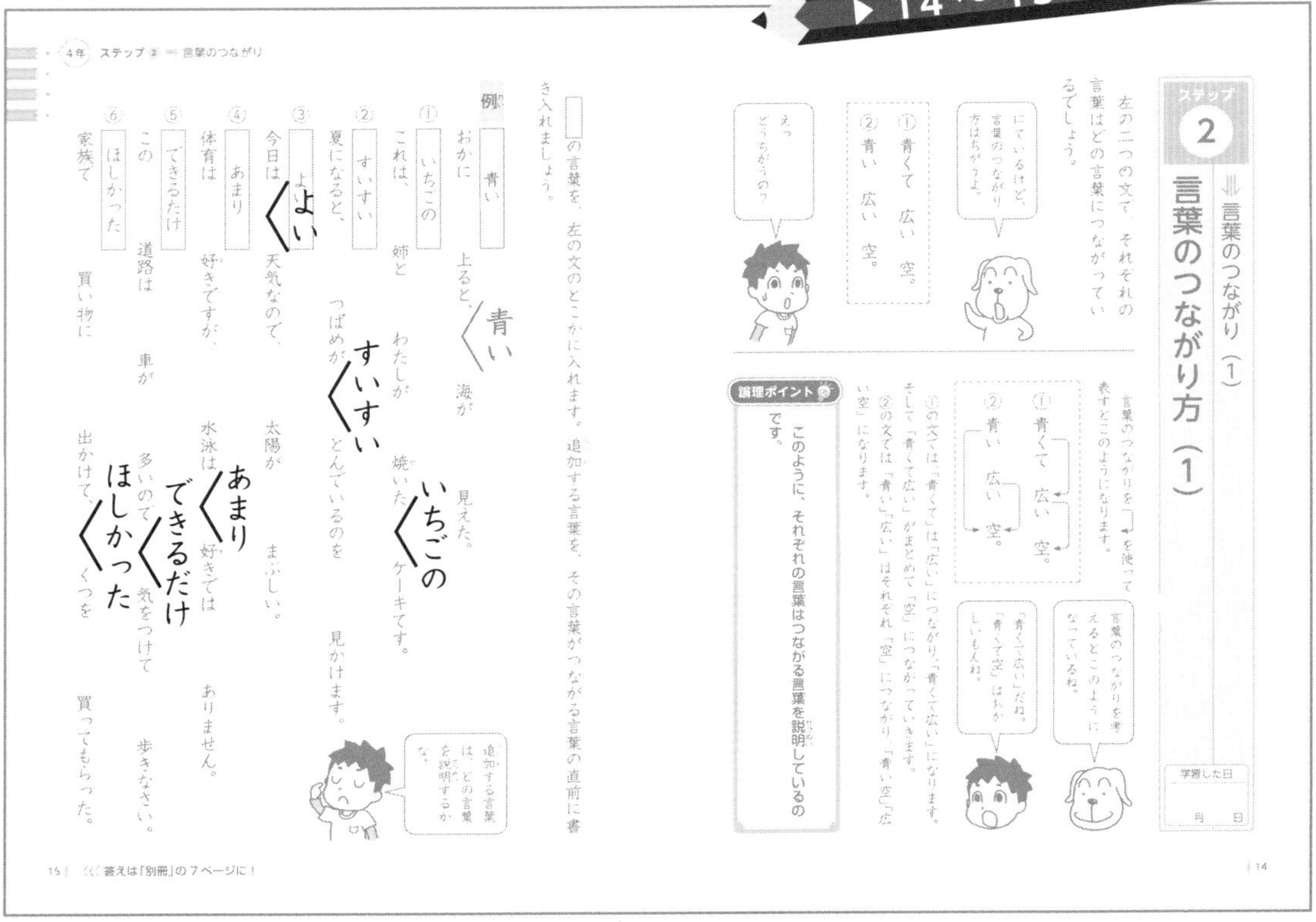

ステップ 2 言葉のつながり（1）

言葉のつながり方（1）

学習した日 月 日

左の二つの文で、それぞれの言葉はどの言葉につながっているでしょう。

にているけど、言葉のつながり方はちがうよ。

① 青くて 広い 空。
② 青い 広い 空。

えっ、どうちがうの？

言葉のつながりを⏌を使って表すとこのようになります。

① 青くて 広い 空。
② 青い 広い 空。

言葉のつながりを考えるとこのようになっているね。

「青くて広い」だね。「青くて空」はおかしいもんね。

①の文では、「青くて」は「広い」につながり、「青くて広い」になります。そして「青くて広い」がまとめて「空」につながっていきます。

②の文では「青い」「広い」はそれぞれ「空」につながり、「青い空」「広い空」になります。

論理ポイント

このように、それぞれの言葉はつながる言葉を説明しているのです。

□の言葉を、左の文のどこかに入れます。追加する言葉を、その言葉がつながる言葉の直前に書き入れましょう。

例 青い
おかに上ると、〈青い〉海が見えた。

① いちごの
これは、姉とわたしが焼いた〈いちごの〉ケーキです。

② すいすい
夏になると、つばめが〈すいすい〉とんでいるのを見かけます。

③ よい
今日は〈よい〉天気なので、太陽がまぶしい。

④ あまり
体育は好きですが、水泳は〈あまり〉好きではありません。

⑤ できるだけ
この道路は車が多いので〈できるだけ〉気をつけて歩きなさい。

⑥ ほしかった
家族で買い物に出かけて、〈ほしかった〉くつを買ってもらった。

追加する言葉は、どの言葉を説明するかな。

くわしい考え方

すべての言葉が他の言葉とつながっていることの発見は、論理力獲得の第一歩です。論理は「イコールの関係」「対立関係」など、言葉と言葉とを関係づける役割を担っています。そこで、まず一つの言葉と一つの言葉との関係に着目します。

最初は例題を見て「青いおかに」「青い上がると」「青い海が」「青い見えた」と、言葉のつながりを考えさせてください。すると、「青い」と「海が」という言葉がつながりを持っていることがわかります。こうした文脈力は、英語や古文など、すべての言語教科にとって非常に大切なものなのです。

それぞれどの言葉とつながりを持っているのか、丁寧に考えさせてください。

① 「青い」のは「海が」です。
② 「いちごの」は「ケーキ」を説明した言葉です。
③ 「すいすい」は「とんでいる」を説明した言葉です。
④ 「よい」は「天気」を説明しています。
⑤ 「あまり」は「好きではありません」の程度を説明しています。
⑥ 「できるだけ」は「気をつけて」の程度を説明しています。
⑦ 「ほしかった」は「くつ」を説明しています。

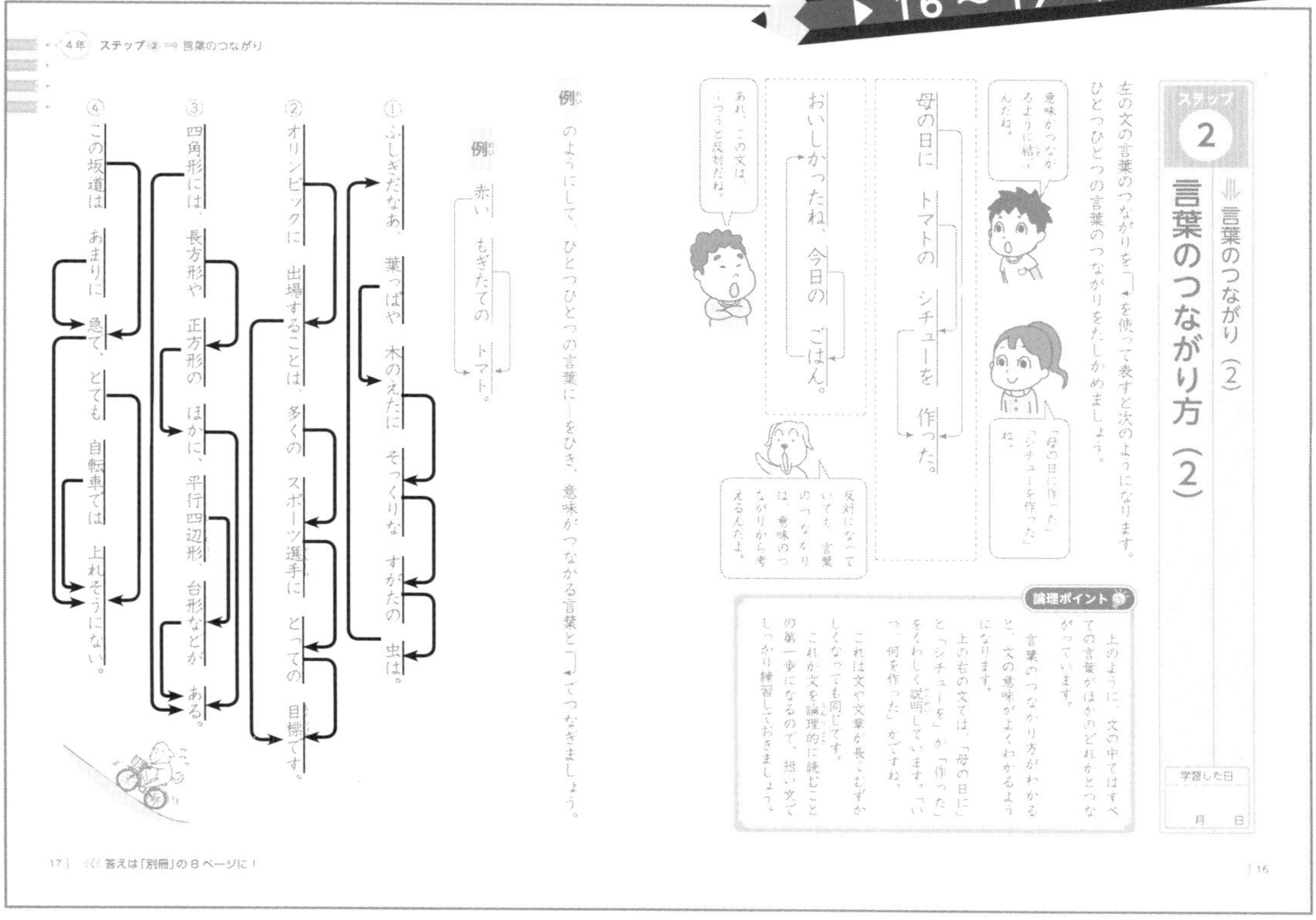

くわしい考え方

ここでは、言葉のつながりとは何かを学習します。問題の例にあるように、「赤い トマト」の「赤い」は「トマト」を説明しています。「もぎたての トマト」の「もぎたての」も、「トマト」を説明しているのです。

さらに倒置法を学習します。本来は「ごはんがおいしかったね」ですが、「おいしかったね」を強調したいために、「おいしかったね」が前に来たのです。

① 「虫はふしぎだなあ。」が、一文の要点で、倒置。「葉っぱや木の枝にそっくりなすがたの」は、「虫」を説明しています。

② 「出場することは目標です」が、主語と述語。言葉を補うと、「オリンピックに出場することは目標です。」が、一文の要点。「多くのスポーツ選手にとっての」が「目標」を説明しています。

③ 「平行四辺形、台形などがある。」が、一文の要点。「四角形には」→「ある」、「長方形や正方形のほかに」→「ある」とつながっています。

④ 「この坂道は急で」「(私は)上がれそうにない」がそれぞれ主語と述語。「あまりに」→「急で」、「とても」→「上がれそうにない」、「自転車では」→「上がれそうにない」とつながっています。

▶18～19ページの答え

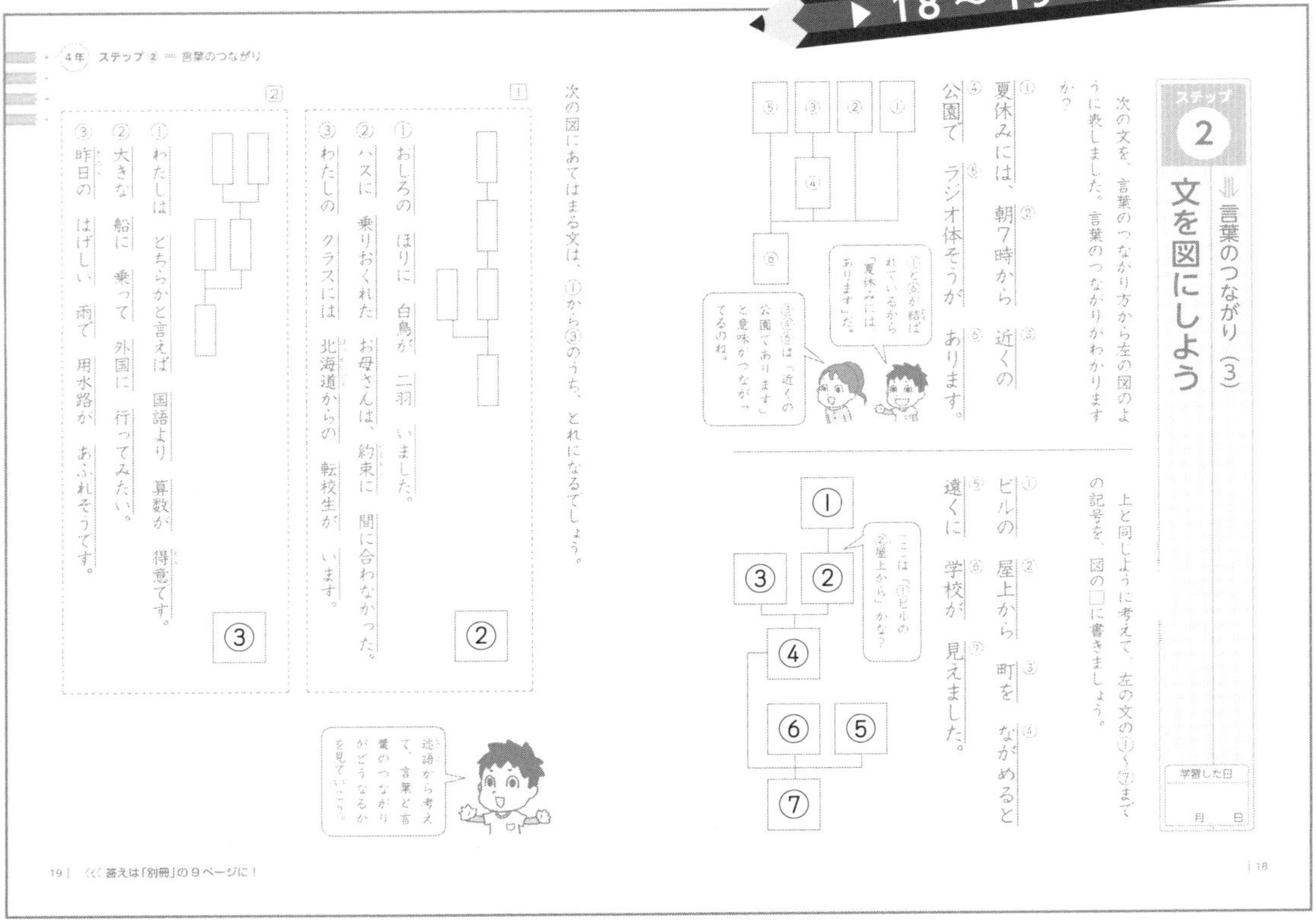
ステップ2
言葉のつながり（3）
文を図にしよう
学習した日　月　日

次の文を、言葉のつながり方から左の図のように表しました。言葉のつながりがわかりますか？

①夏休みには、②朝7時から　③近くの　④公園で　⑤ラジオ体そうが　⑥あります。

①	②	③	⑤
		④	
⑥			

①と⑥が結ばれているから「夏休みには、あります」だ。
③④⑥は「近くの公園であります」と意味がつながってるのね。

上と同じように考えて、左の文の①～⑦までの記号を、図の□に書きましょう。

①ビルの　②屋上から　③町を　④ながめると　⑤遠くに　⑥学校が　⑦見えました。

①
③　②
④
⑥　⑤
⑦

ここは「①ビルの②屋上から」かな？

18

4年　ステップ2　言葉のつながり

次の図にあてはまる文は、①から③のうち、どれになるでしょう。

1
①おしろの　ほりに　白鳥が　二羽　いました。
②バスに　乗りおくれた　お母さんは、約束に　間に合わなかった。
③わたしの　クラスには　北海道からの　転校生が　います。
②

2
①わたしは　どちらかと言えば　国語より　算数が　得意です。
②大きな　船に　乗って　外国に　行ってみたい。
③昨日の　はげしい　雨で　用水路が　あふれそうです。
③

述語から考えて、言葉と言葉のつながりがどうなるかを見ていこう。

19　くくく答えは「別冊」の9ページに！

くわしい考え方

言葉のつながりを考えると、一文を図式化できます。それはすべての言葉と言葉が関係を持っているからです。「主語と述語の関係」「言葉のつながり（修飾）の関係」などがそれです。言葉はばらばらにあるのではなく、論理的に使われているのです。

■問題1

②「間に合わなかった」が述語で、それに対する主語が「お母さんは」。「バスに乗り遅れた」→「おかあさんは」、「約束に」→「間に合わなかった」とつながります。

■問題2

③「あふれそうです」が述語で、それに対する主語が「用水路が」。「昨日の」「はげしい」がそれぞれ「雨で」とつながっていることに注意（並列関係）。「雨で」→「あふれそうです」とつながっています。

20～21ページの答え

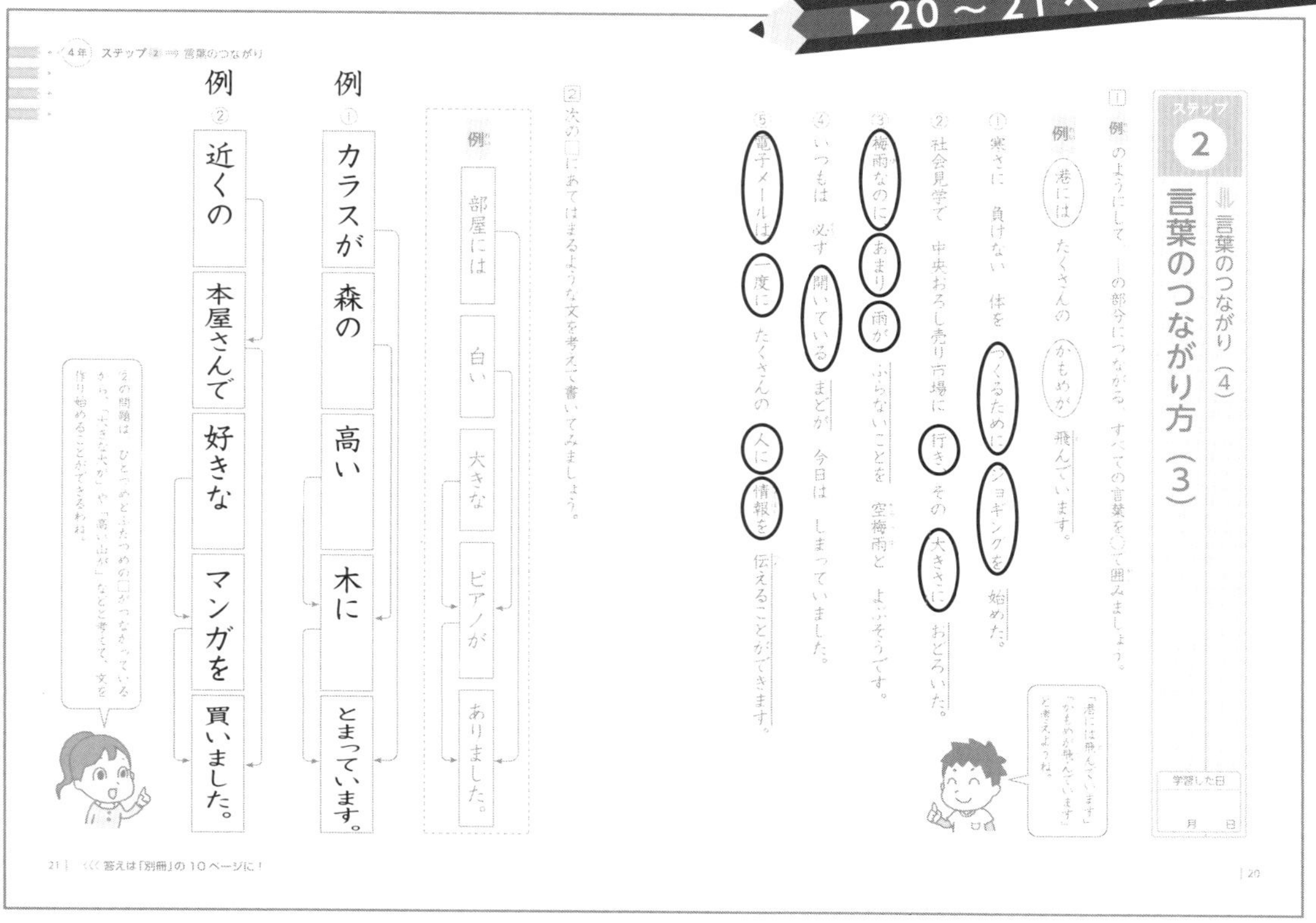

ステップ 2

⇓言葉のつながり（4）

言葉のつながり方（3）

学習した日　月　日

1 例のようにして、――の部分につながる、すべての言葉を○で囲みましょう。

例 港には　たくさんの　かもめが　飛んでいます。

「港には飛んでいます」「かもめが飛んでいます」と考えようね。

① 寒さに　負けない　体を　つくるために　ジョギングを　始めた。

② 社会見学で　中央おろし売り市場に　行き、その　大きさに　おどろいた。

③ 梅雨なのに　あまり　雨が　ふらないことを　空梅雨と　よぶそうです。

④ いつもは　必ず　開いている　まどが　今日は　しまっていました。

⑤ 電子メールは　一度に　たくさんの　人に　情報を　伝えることができます。

20

2 次の□にあてはまるような文を考えて書いてみましょう。

例 部屋には　白い　大きな　ピアノが　ありました。

① 例 カラスが　森の　高い　木に　とまっています。

② 例 近くの　本屋さんで　好きな　マンガを　買いました。

2の問題は、ひとつめとふたつめの□がつながっているから、「大きな犬が」や「高い山が」などと考えて、文を作り始めることができるわね。

4年　ステップ2⇒言葉のつながり

21　答えは「別冊」の10ページに！

くわしい考え方

一つの言葉を説明する言葉は、複数存在することがあります。ただし、一つの言葉は一つの言葉しか説明できません。

■問題1

①「寒さに負けない体をつくるためにジョギングを始めた。」

「寒さに」→「負けない」、「負けない」→「体を」、「体を」→「つくるために」、「つくるために」→「始めた」、「ジョギングを」→「始めた」と、それぞれ一つの言葉にしかつながることはできませんが、「始めた」は、「つくるために」「ジョギングを」と二つの言葉から説明を受けています。

■問題2

そういった言葉の関係を意識して、自分で文を作成する問題です。この際大切なのは、何となく考えるのではなく、言葉の規則に従って考えるということです。

まずいちばん下の空所に述語を確定します。主語はなくても（省略されても）かまいません。後は、言葉のつながりを考えます。文を作成したなら、指示通りに言葉がつながっているか、確認しましょう。

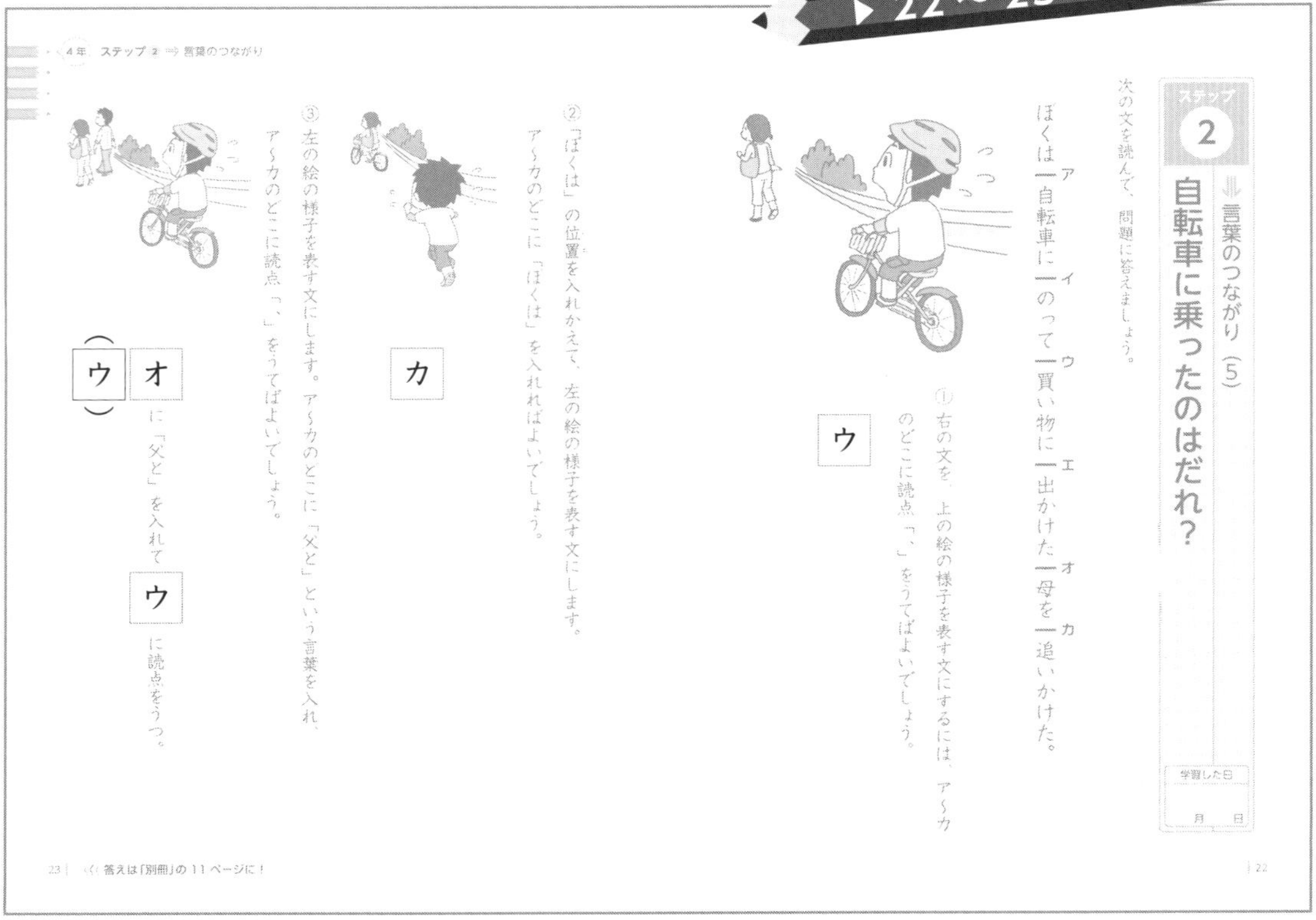

ステップ 2

⇓ 言葉のつながり（5）

自転車に乗ったのはだれ？

学習した日　月　日

次の文を読んで、問題に答えましょう。

ぼくは ア 自転車に イ のって ウ 買い物に エ 出かけた オ 母を カ 追いかけた。

① 右の文を、上の絵の様子を表す文にするには、ア～カのどこに読点「、」をうてばよいでしょう。

ウ

② 「ぼくは」の位置を入れかえて、左の絵の様子を表す文にします。ア～カのどこに「ぼくは」を入れればよいでしょう。

カ

③ 左の絵の様子を表す文にします。ア～カのどこに「父と」という言葉を入れ、ア～カのどこに読点「、」をうてばよいでしょう。

オ（ウ） に「父と」を入れて ウ に読点をうつ。

くわしい考え方

「言葉のつながり」と読点（、）の打ち方の問題です。「言葉のつながり」がわかったなら、読点がそのつながりを断ち切る役割であることを学習しましょう。

①自転車に乗っていたのが「ぼく」になるように、読点の位置を考えます。「乗って」の直後に読点を打つことによって、「ぼくは自転車に乗って」→「追いかけた」となります。もし、読点を「ぼくは」の直後に打てば、「自転車に乗って買い物に出かけた母を」となり、母が自転車に乗っていたことになります。

②自転車に乗ったのが「母」になるようにします。「母」の直後に「ぼくは」を入れると、「自転車に乗って買い物に出かけた母を」となります。「ぼくは」その「母」を「追いかけた」のです。

③まず「ぼく」が「父と母」を追いかけたので、「父と」をオに入れることにより、「父と母を追いかけた」とします。次に、ウに読点を打つことによって、「ぼくは自転車に乗って」→「追いかけた」とします。ウに「父と」を入れて、「ぼくは自転車に乗って、父と買い物に出かけた母を」と考えることもできます。

▶24～25ページの答え

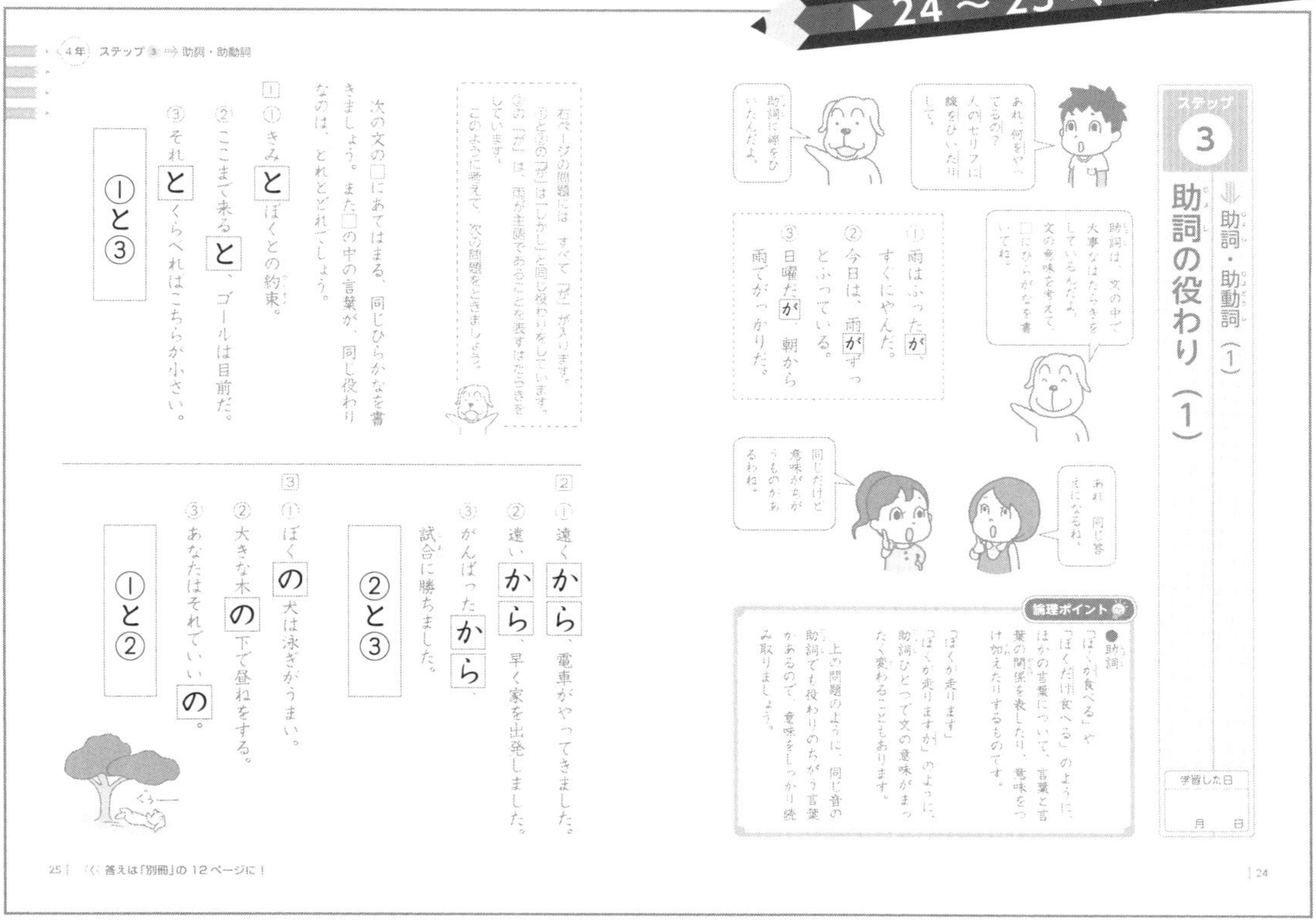
ステップ 3
助詞・助動詞（1）
助詞の役わり（1）

あれ、何をやってるの？人のセリフに線をひいたりして。
助詞に線をひいたんだよ。
助詞は、文の中で大事なはたらきをしているんだよ。文の意味を考えて、□にひらがなを書いてね。

① 雨はふったが、すぐにやんだ。
② 今日は、雨がずっとふっている。
③ 日曜だが、朝から雨でがっかりだ。

あれ、同じ答えになるね。
同じだけど意味がちがうものがあるわね。

論理ポイント
●助詞
「ぼくが食べる」や「ぼくだけ食べる」のように、ほかの言葉について、言葉と言葉の関係を表したり、意味をつけ加えたりするものです。
「ぼくが走ります」「ぼくが走りますか」のように、助詞ひとつで文の意味がまったく変わることもあります。
上の問題のように、同じ音の助詞でも役わりのちがう言葉があるので、意味をしっかり読み取りましょう。

学習した日 月 日

24

4年 ステップ3 助詞・助動詞

右ページの問題には、すべて「が」が入ります。①と③の「が」は「しかし」と同じ役わりをしています。②の「が」は、雨が主語であることを表すはたらきをしています。
このように考えて、次の問題をときましょう。

次の文の□にあてはまる、同じひらがなを書きましょう。また□の中の言葉が、同じ役わりなのは、どれとどれでしょう。

1
① きみ と ぼくとの約束。
② ここまで来る と 、ゴールは目前だ。
③ それ と くらべればこちらが小さい。
①と③

2
① 遠く から 、電車がやってきました。
② 遠い から 、早く家を出発しました。
③ がんばった から 、試合に勝ちました。
②と③

3
① ぼく の 犬は泳ぎがうまい。
② 大きな木 の 下で昼ねをする。
③ あなたはそれでいい の 。
①と②

ぐぅ——

25 答えは「別冊」の12ページに！

くわしい考え方

文章に使われる単語の二、三割が実は助詞と助動詞です。その助詞、助動詞の正確な使い方を知ることが、日本語を正確に扱うために不可欠です。

また文を変形するときも、助詞・助動詞を自在に使いわけることができなくてはなりません。

英語では中学三年間で疑問文、過去形、受け身形などを学習するのですが、国語ではその役割を助動詞・助詞が果たします。

助動詞・助詞はふだんなにげなく使っているので、かえって間違った使い方のまま大人になってしまう危険性があります。そこで、その正確な使い方を小学生のうちからしっかりと理解しておきましょう。私たちは日本語を一生使い続けるのですから、その言葉を大切に扱うことが重要です。

■問題1

細かい文法にこだわる必要はありません。普段から使っている言葉なので、その使い方をここで意識してみることが大切です。

今の段階では、「名詞」についているか、「文」についているかを意識させてください。

たとえば、「きみとぼく」「それと」は、「きみ」「それ」といったことば（名詞）についていますが、「ここまで来ると」は、「ここまで来る」という文についています。

■問題2

②と③の「から」は、理由を表します。

■問題3

①と②の「の」は、それぞれ「犬」「下」という名詞につながります。

▶26～27ページの答え

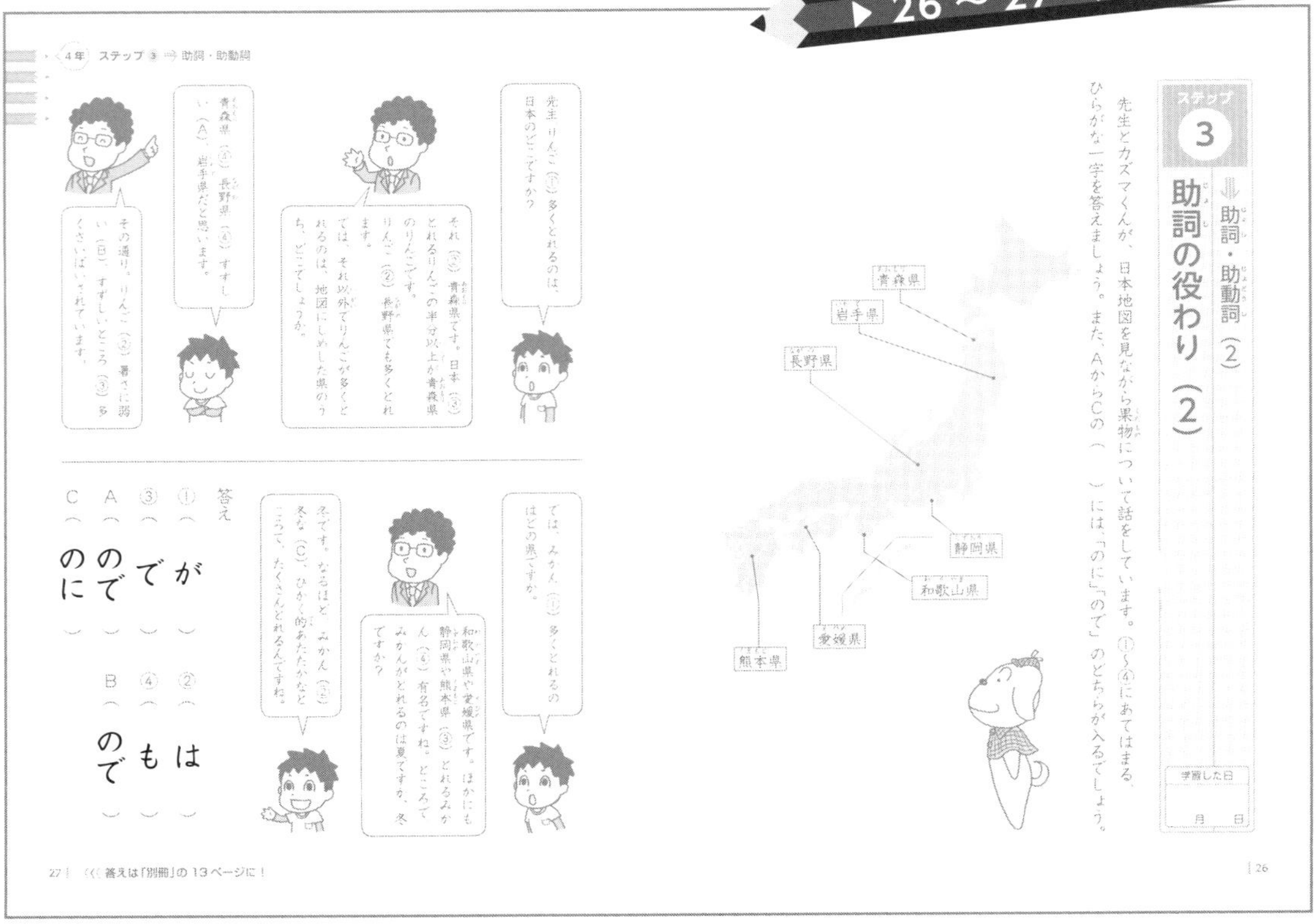

ステップ 3

⇒助詞・助動詞（2）

助詞の役わり（2）

先生とカズマくんが、日本地図を見ながら果物について話をしています。①～④にあてはまる、ひらがな一字を答えましょう。また、AからCの（　）には、「のに」「ので」のどちらが入るでしょう。

青森県
岩手県
長野県
静岡県
和歌山県
愛媛県
熊本県

学習した日　月　日

| 26

4年　ステップ3 ⇒ 助詞・助動詞

先生、りんご（①）多くとれるのは、日本のどこですか？

それ（③）青森県です。日本（③）とれるりんごの半分以上が青森県のりんごです。
りんご（②）長野県でも多くとれます。
では、それ以外でりんごが多くとれるのは、地図にしめした県のうち、どこでしょうか。

青森県（④）長野県（④）すずしい（A）、岩手県だと思います。

その通り。りんご（②）暑さに弱い（B）、すずしいところ（③）多くさいばいされています。

では、みかん（①）多くとれるのはどの県ですか。

和歌山県や愛媛県です。ほかにも静岡県や熊本県（③）とれるみかん（④）有名ですね。ところでみかんがとれるのは夏ですか、冬ですか？

冬です。なるほど、みかん（②）冬な（C）、ひかく的あたたかなところで、たくさんとれるんですね。

答え
①（が）　②（は）
③（で）　④（も）
A（ので）　B（ので）
C（のに）

27 | 答えは「別冊」の13ページに！

⇦くわしい考え方⇦

社会科の問題です。助詞の使い方を確認すると同時に、資料を読み取り、それに従って論理的に考える力を養います。（資料問題は、PISAや全国学力テストなどの問題に頻出しています）

①主語の「が」。
②主語を表す「は」ですが、「が」と「は」のちがいは学者でも様々な考え方があります。
　小学生のころは経験的に区別ができれば十分です。
③は場所を示す「で」。「ここで遊ぼう」など。
④は類似のものを表す「も」です。「ぼくも好きだ」など。
　「が」「で」「も」の使い方は、子どもに何か身近な例を考えさせてください。
「のに」は逆接（文の流れをひっくり返す）、「ので」は理由を表します。AとBは理由、Cは逆接です。
　地図を見て、リンゴが寒い地方、みかんが暖かい地方でとれるということを読み取りましょう。

▶28～29ページの答え

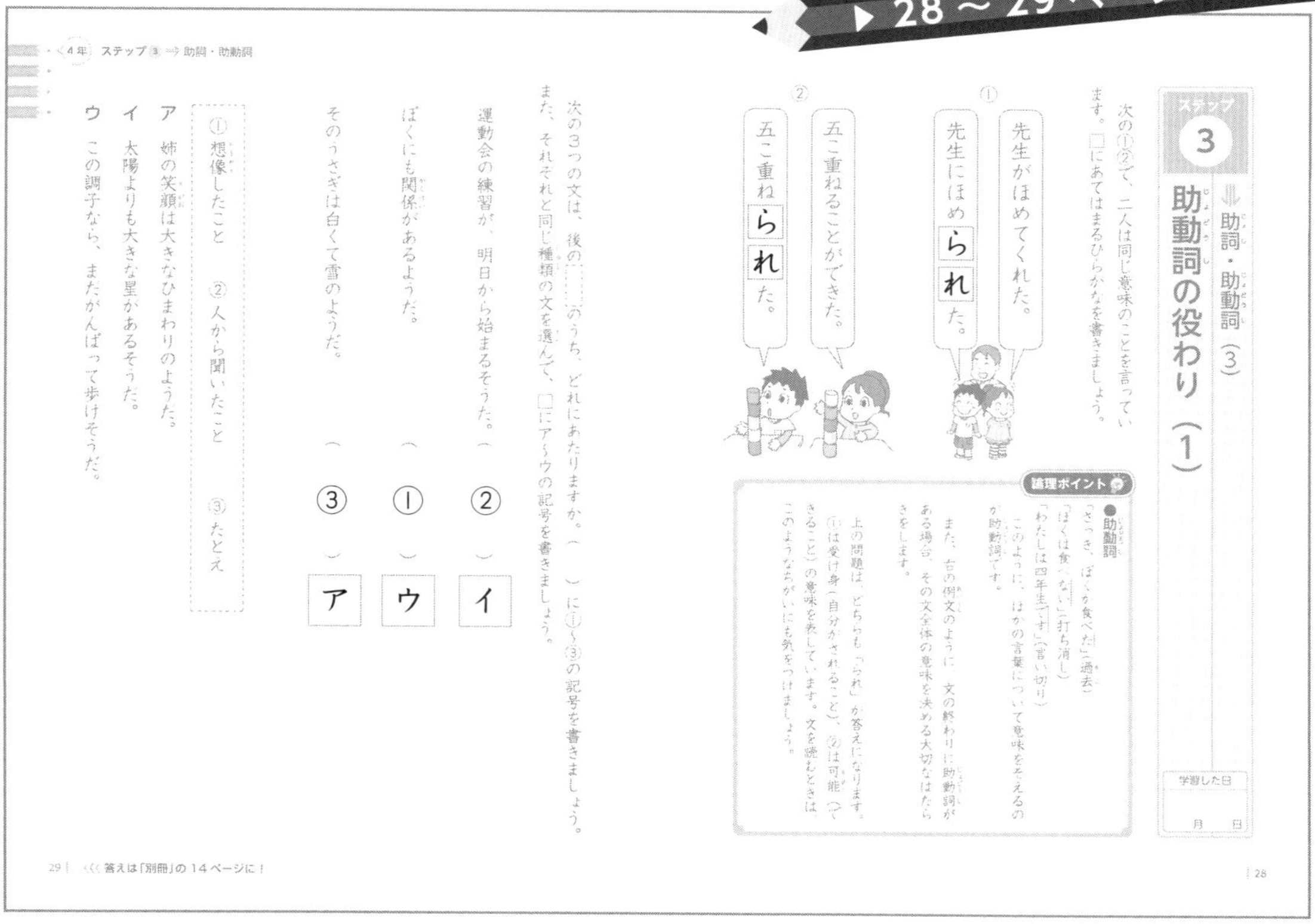

ステップ 3

⇓助詞《じょし》・助動詞《じょどうし》（3）

助動詞の役わり（1）

次の①②で、二人は同じ意味のことを言っています。□にあてはまるひらがなを書きましょう。

①
先生がほめてくれた。
先生にほめ［ら］［れ］た。
②
五こ重ねることができた。
五こ重ね［ら］［れ］た。

論理ポイント

●助動詞

「さっき、ぼくが食べた」（過去）
「ぼくは食べない」（打ち消し）
「わたしは四年生です」（言い切り）

このように、ほかの言葉について意味をそえるのが助動詞です。

また、右の例文のように、文の終わりに助動詞がある場合、その文全体の意味を決める大切なはたらきをします。

上の問題は、どちらも「られ」が答えになります。①は受け身（自分がされること）、②は可能（できること）の意味を表しています。文を読むときは、このようなちがいにも気をつけましょう。

学習した日　月　日

28

次の3つの文は、後の[　]のうち、どれにあたりますか。（　）に①～③の記号を書きましょう。また、それぞれと同じ種類の文を選んで、□にア～ウの記号を書きましょう。

運動会の練習が、明日から始まるそうだ。（②）［イ］

ぼくにも関係《かんけい》があるようだ。（①）［ウ］

そのうさぎは白くて雪のようだ。（③）［ア］

[①想像《そうぞう》したこと　②人から聞いたこと　③たとえ]

ア　姉の笑顔《えがお》は大きなひまわりのようだ。

イ　太陽よりも大きな星があるそうだ。

ウ　この調子なら、まだがんばって歩けそうだ。

29　＜＜＜答えは「別冊」の14ページに！

くわしい考え方

助動詞の学習です。疑問文、否定文、過去形、受け身形など、すべて助動詞がその役割を担っています。助動詞の働きをある程度理解しておくと、将来、英語や古文を学習する際に大いに威力を発揮します。

「始まるそうだ」は、人から聞いた話。「始まりそうだ」は、人から聞いたのではなく、自分が想像したことです。イが人から聞いた話。ウが自分で想像したことです。

「あるようだ」の「ようだ」は、自分で想像したこと（推量）なのでウ。

うさぎの白さを、「雪」にたとえています。アが、「姉の笑顔」を「大きいひまわり」にたとえています。

この段階ではたとえ（比喩）はまだ難しいので、厳密に考える必要はありません。すべて文法的に正確に理解する必要はありません。ここでは、助動詞にはいろいろな働きがあることを理解させれば十分です。

▶30～31ページの答え

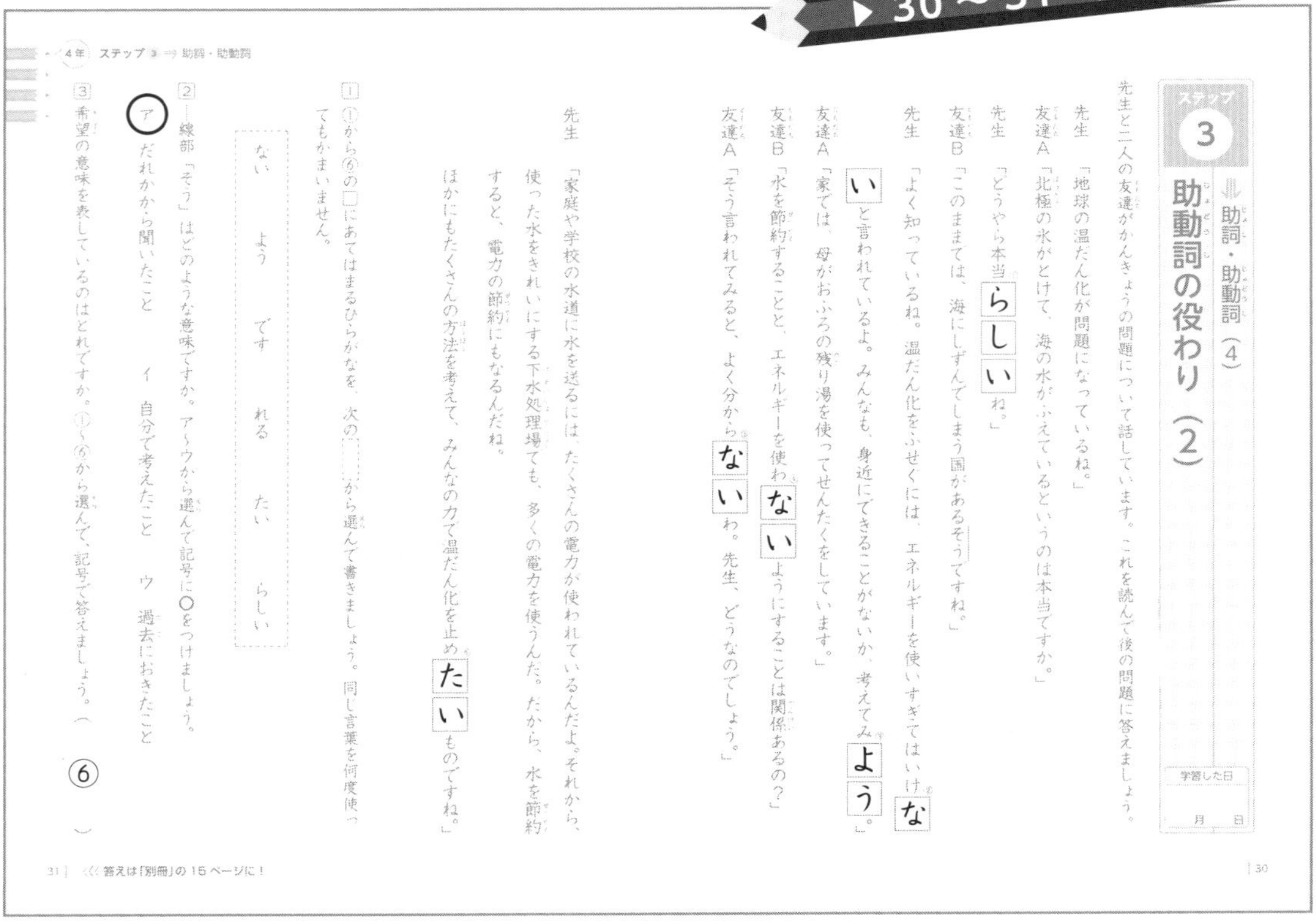
ステップ 3
助詞・助動詞（4）
助動詞の役わり（2）

学習した日　月　日

先生と二人の友達がかんきょうの問題について話しています。これを読んで後の問題に答えましょう。

先生　「地球の温だん化が問題になっているね。」
友達A　「北極の氷がとけて、海の水がふえているというのは本当ですか。」
先生　「どうやら本当①らしいね。」
友達B　「このままでは、海にしずんでしまう国があるそうですね。」
先生　「よく知っているね。温だん化をふせぐには、エネルギーを使いすぎてはいけ②ないと言われているよ。みんなも、身近にできることがないか、考えてみ③よう。」
友達A　「家では、母がおふろの残り湯を使ってせんたくをしています。」
友達B　「水を節約することと、エネルギーを使わ④ないようにすることは関係あるの？」
友達A　「そう言われてみると、よく分から⑤ないわ。先生、どうなのでしょう。」
先生　「家庭や学校の水道に水を送るには、たくさんの電力が使われているんだよ。それから、使った水をきれいにする下水処理場でも、多くの電力を使うんだ。だから、水を節約すると、電力の節約にもなるんだね。ほかにもたくさんの方法を考えて、みんなの力で温だん化を止め⑥たいものですね。」

30

4年　ステップ3 ⇒ 助詞・助動詞

1 ①から⑥の□にあてはまるひらがなを、次の□から選んで書きましょう。同じ言葉を何度使ってもかまいません。

ない　よう　です　れる　たい　らしい

2 ――線部「そう」はどのような意味ですか。ア～ウから選んで記号に○をつけましょう。

（ア）だれかから聞いたこと　イ　自分で考えたこと　ウ　過去におきたこと

3 希望の意味を表しているのはどれですか。①～⑥から選んで、記号で答えましょう。（⑥）

31　答えは「別冊」の15ページに！

くわしい考え方

■問題1

助動詞の応用問題。「同じ言葉を何度使ってもかまいません」という条件に注意。

①「らしい」は人から聞いたこと。
②「いけない」は打ち消しの「ない」。
③この場合の「よう」は、人を誘うときに使います。「一緒に勉強しよう」など。
④ここでも「使わない」と、打ち消し。
⑤「わからない」と、打ち消し。
⑥温だん化を止めたいと願っているので、「たい」は希望。

■問題2

「そう」には、人から聞いた場合と、自分で想像した場合とがあります。
「あるそうです」は、人から聞いた場合、「ありそうです」は、自分で想像した場合。

▶ 32～33 ページの答え

ステップ 3

助詞《じょし》・助動詞《じょどうし》（5）

助詞《じょし》と助動詞《じょどうし》

学習した日　月　日

次の文章を読んで、あとの問題に答えましょう。

二人の若い紳士が、すっかりイギリスの兵隊のかたちをして、ぴかぴかする鉄砲をかついで、白熊のような犬を二匹つれて、だいぶ山奥の、木の葉のかさかさしたとこを、こんなことをいいながら、あるいておりました。

「ぜんたい、ここらの山はけしからんね。鳥も獣も一匹もいやがらん。なん□□かまわないから、早くタンタアーンと、やって見たいもんだなあ。」

「鹿の黄いろな横っ腹なんぞに、二三発お見舞もうしたら、ずいぶん痛快だろうねえ。くるくるまわって、それからどたっと倒れるだろうねえ。」

それはだいぶの山奥でした。案内してきた専門の鉄砲打ちも、ちょっとまごついて、どこかへ行ってしまったくらいの山奥でした。

それに、あんまり山がものすごいので、その白熊のような犬が、二匹いっしょにめまいを起こして、しばらくうなって、それから泡をはいて死んでしまいました。

（宮沢賢治『注文の多い料理店』より）

1 □□にあてはまる言葉を次のア～ウから選んで記号に○をつけましょう。

ア　とも　イ　こそ　（ウ）　でも

2 ―Aと同じような意味になる言葉を次のア～ウから選んで記号に○をつけましょう。

ア　しかし　（イ）　から　ウ　しかも

3 ①から③の言葉は、後の□のうち、どれにあたりますか。

①（イ）　②（ア）　③（ウ）

ア　希望　イ　打ち消し　ウ　推量（考えたこと）

4 ④の言葉を、意味を変えずに書きかえます。□にあてはまるように書きましょう。

白熊《しろくま》［み］［た］［い］な犬

くわしい考え方

■問題1

それぞれの言葉を入れてみると、「なんでも」しかつながりません。

■問題2

犬がめまいを起こした理由が「山がものすごい」なので、理由を表す「から」が答え。

■問題3

①たとえば、「許せない」を「許せん」ということがあります。

②自分もやってみたいという希望を表したもの。

③「痛快だろう」と推測したのです。

■問題4

「ような」と同じ意味の助動詞は、「みたい」。

ステップ 4　一文の作成《さくせい》（1）

言葉をならべかえて文を作る

学習した日　月　日

上の［　］にある言葉をならべかえて、文を作ります。まず、言葉を二つのグループに分けましょう。その後で、一つの文にまとめましょう。

例《れい》

暗くなったら
花火を
みんなで
しよう
外が

外が暗くなったら
みんなで花火をしよう
⇐ 外が暗くなったら、みんなで花火をしよう。

言葉のつながりを考えてみよう。

①

とても
かれの
ぼくは
はげまされた
言葉に

かれの言葉に
ぼくはとてもはげまされた
⇐ かれの言葉に、ぼくはとてもはげまされた。

一つの文にしたときに、全体の述語《じゅつご》になる言葉をさがすといいね。

②

家の
ちがう
風土に
つくりは
気候や
よって

気候や風土によって
家のつくりはちがう
⇐ 気候や風土によって、家のつくりはちがう。

③

冬じたくを
すむと
始めます
いねかりが
農家は

いねかりがすむと
農家は冬じたくを始めます
⇐ いねかりがすむと、農家は冬じたくを始めます。

④

見わけることが
父は
きのこを
できる
食べられない

食べられないきのこを
父は見わけることができる
⇐ 食べられないきのこを、父は見わけることができる。

35　<<< 答えは「別冊」の 17 ページに！

⇐ くわしい考え方 ⇐

一文を作成するためには、「主語と述語」「言葉のつながり」「助詞と助動詞」といった今まで学習したことがらを自在に使いこなさなければなりません。ただ何となく答えを作るのではなく、言葉の規則をしっかりと意識するようにしてください。

まず述語を決め、それに対する主語を考えます。もちろん主語は省略されることがあります。後は、「言葉のつながり」を考えましょう。

①述語の「はげまされた」の主語は「ぼくは」。「ぼくははげまされた」ではまだ何のことかわからないので、言葉を補います。すると、「かれの言葉に」となります。「とても」は、「とても」→「はげまされた」とつながります。

②述語は「ちがう」で、主語は「つくりは」。そこで、「つくりはちがう」となるのですが、これではまだ何のつくりかわかりません。そこで、言葉を補うと、「家のつくりはちがう」となります。

残った言葉を、そのつながりを意識して並べ替えると、「気候や風土によって」。

③「農家は始めます」が、主語と述語。何を始めるのかわからないから、「冬じたくを始めます」と、言葉を補います。

残った言葉は、「いねかりがすむと」となります。

④「父はできる」が、主語と述語。これだけでは何ができるかわからないから、「見わけることができる」と、言葉を補います。

さらに言葉のつながりを考えると、「食べられない」→「きのこを」、「きのこを」→「見わけることが」となります。

このようにいつでも同じ手順で答えを作成しましょう。

ステップ 4

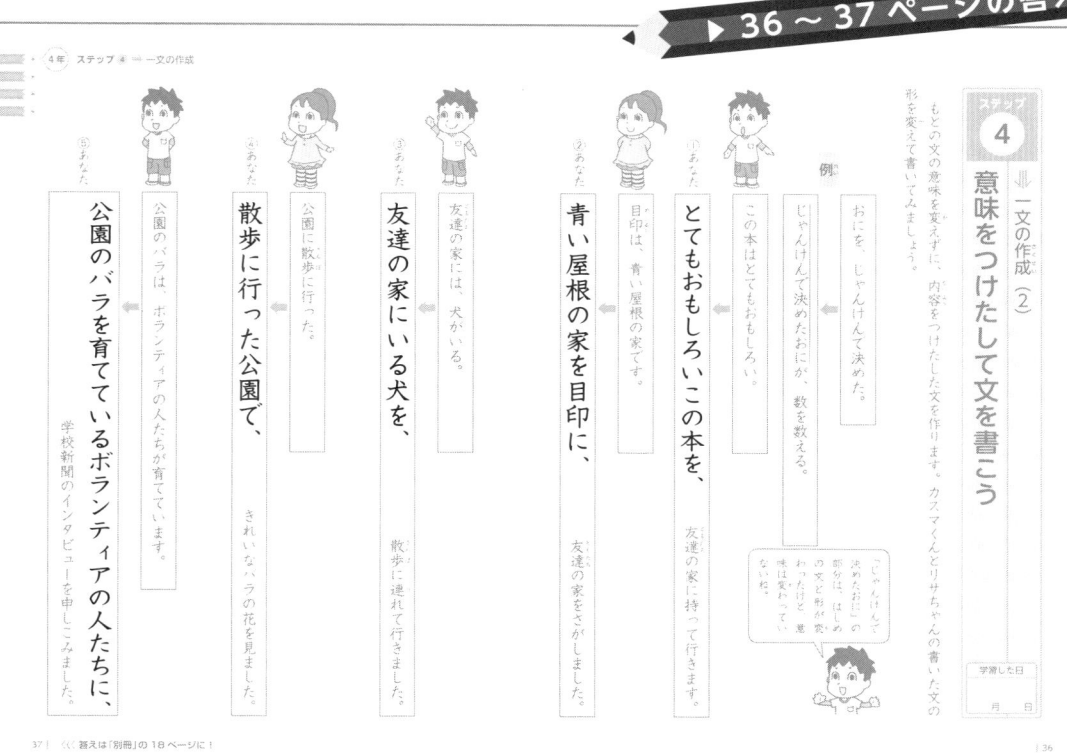

一文の作成 (2)

意味をつけたして文を書こう

学習した日　月　日

もとの文の意味を変えずに、内容をつけたした文を作ります。カスマくんとリサちゃんの書いた文の形を変えて書いてみましょう。

例
おにを、じゃんけんで決めた。 ⇦ じゃんけんで決めたおにが、数を数える。

「じゃんけんで決めたおに」の部分は、はじめの文と形が変わったけど、意味は変わっていないね。

① この本はとてもおもしろい。 ⇦ あなた
とてもおもしろいこの本を、
友達の家に持って行きます。

② 目印は、青い屋根の家です。 ⇦ あなた
青い屋根の家を目印に、
友達の家をさがしました。

③ 友達の家には、犬がいる。 ⇦ あなた
友達の家にいる犬を、
散歩に連れて行きました。

④ 公園に散歩に行った。 ⇦ あなた
散歩に行った公園で、
きれいなバラの花を見ました。

⑤ 公園のバラは、ボランティアの人たちが育てています。 ⇦ あなた
公園のバラを育てているボランティアの人たちに、
学校新聞のインタビューを申しこみました。

答えは「別冊」の18ページに！

くわしい考え方

文の変形の問題。記述式の問題では、こうした変形が必要になってきます。そのとき、助詞などが変わることが多いことに気をつけましょう。

① 「本を」→「持って行きます」とつながるので、もとの文を「～本を」となるように変形します。

② 「目印に」→「さがしました」となるので、もとの文を「～目印に」となるように変形します。「家を目印に」と、助詞が変わります。

③ 「犬を」→「連れて行きました」となるので、「～犬を」となるように変形します。「家にいる犬」となることに注意。

④ 「公園で」→「見ました」となるように変形します。この時、「公園で」と、助詞の「で」を使うことに注意。

⑤ 「ボランティアの人たちに」→「申しこみました」となるので、「～ボランティアの人たちに」となるように変形します。「育てている」→「ボランティアの人たちに」と、言葉のつながりを意識しましょう。

38～39ページの答え

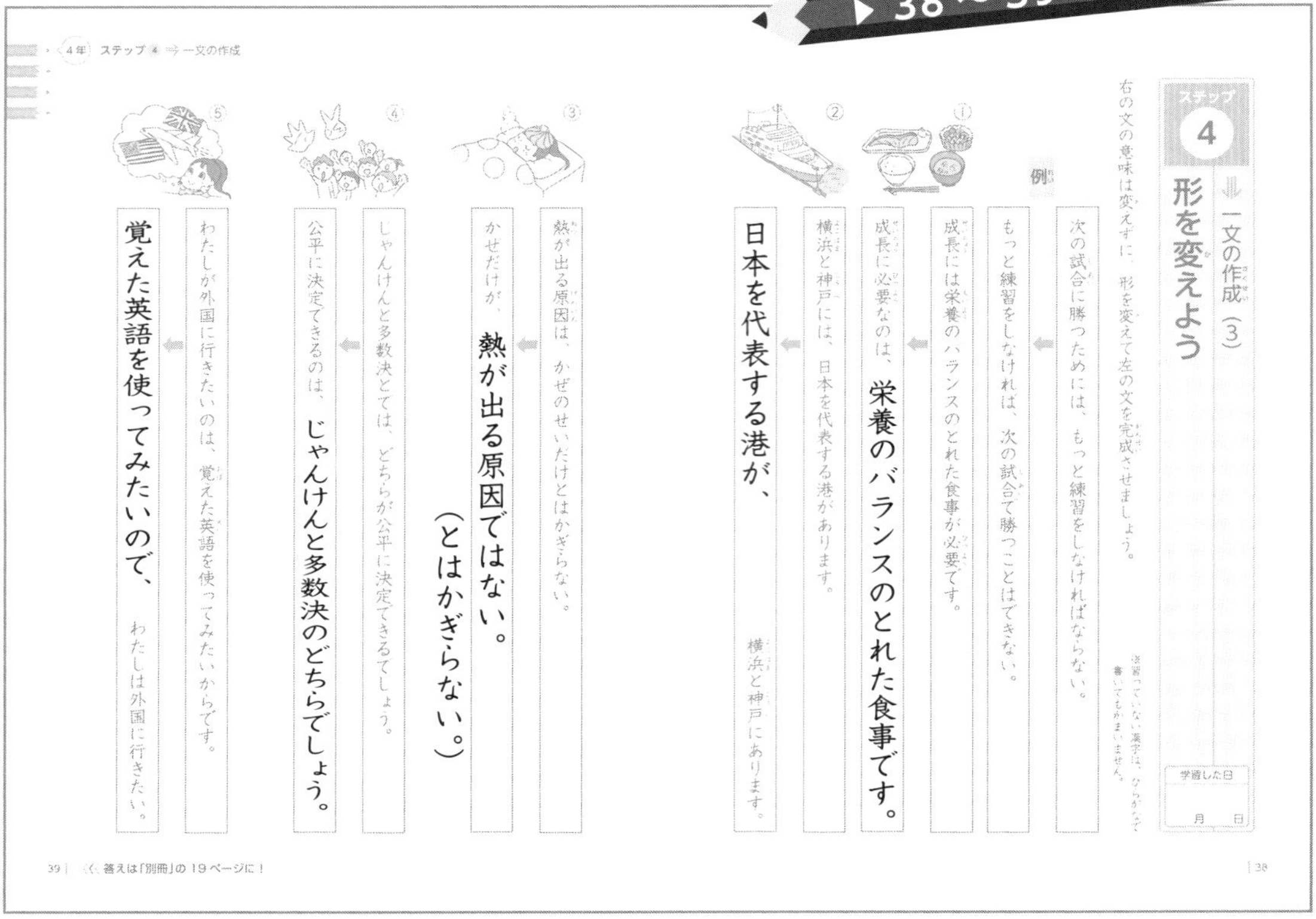

4年 ステップ④ 一文の作成

ステップ 4

一文の作成《さくせい》（3）

形を変《か》えよう

右の文の意味は変えずに、形を変えて左の文を完成《かんせい》させましょう。

※習っていない漢字は、ひらがなで書いてもかまいません。

学習した日　月　日

例《れい》

次の試合《しあい》に勝つためには、もっと練習をしなければならない。

← もっと練習をしなければ、次の試合で勝つことはできない。

①

成長《せいちょう》には栄養《えいよう》のバランスのとれた食事が必要《ひつよう》です。

← 成長《せいちょう》に必要《ひつよう》なのは、**栄養のバランスのとれた食事です。**

②

横浜《よこはま》と神戸《こうべ》には、日本を代表する港があります。

← **日本を代表する港が、** 横浜と神戸にあります。

③

熱《ねつ》が出る原因《げんいん》は、かぜのせいだけとはかぎらない。

← かぜだけが、**熱が出る原因ではない。（とはかぎらない。）**

④

じゃんけんと多数決とでは、どちらが公平に決定できるでしょう。

← 公平に決定できるのは、**じゃんけんと多数決のどちらでしょう。**

⑤

わたしが外国に行きたいのは、覚《おぼ》えた英語を使ってみたいからです。

← **覚えた英語を使ってみたいので、** わたしは外国に行きたい。

くわしい考え方

これも文の変形問題です。「主語と述語」「言葉のつながり」を考えましょう。

① 「必要なのは」に対する述語は「食事です」。次に、「食事」につながるように文を変形すると、「栄養のバランスのとれた食事」となります。

② 「あります」に対する主語は、「港が」。次に「港」につながるように文を変形すると、「日本を代表する港」となります。

③ 「かぜだけが」に対する述語は「原因ではない」。次に、「原因」につながるように文を変形すると、「熱が出る原因」となります。

④ 「決定できるのは」に対する述語は「どちらでしょう」。次に、「どちら」につながるように文を変形すると、「じゃんけんと多数決のどちら」となります。

⑤ もとの文が「使ってみたいからです」と、理由を表す「から」があることに注意。そこで、「わたしは外国に行きたい」の理由となるように後の文を変形すると、「覚えた英語を使ってみたいので（から・ため）」となります。

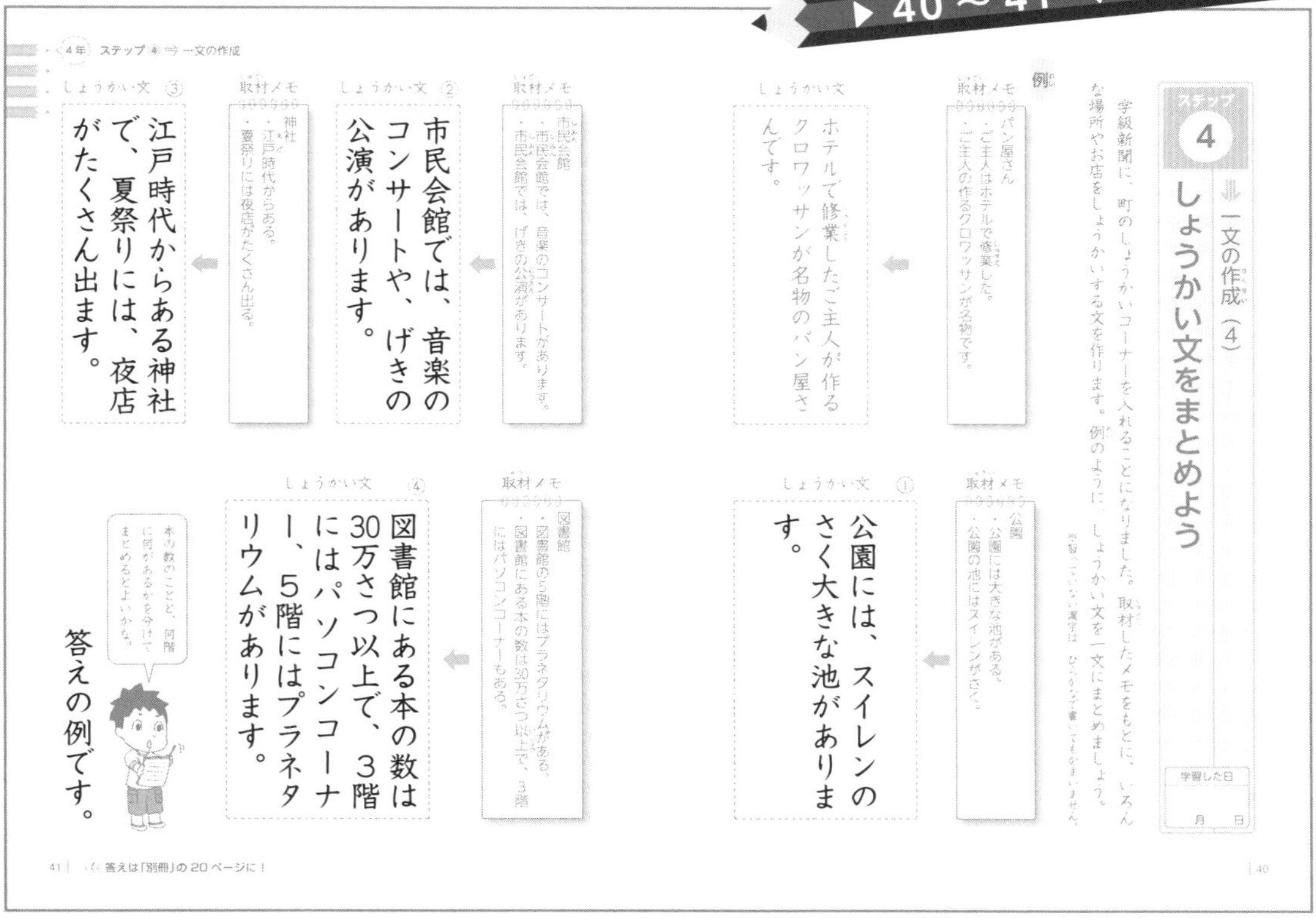

ステップ4　一文の作成《さくせい》（4）

しょうかい文をまとめよう

学習した日　月　日

学級新聞に、町のしょうかいコーナーを入れることになりました。取材したメモをもとに、いろんな場所やお店をしょうかいする文を作ります。例のように、しょうかい文を一文にまとめましょう。

※習っていない漢字は、ひらがなで書いてもかまいません。

例《れい》

取材メモ
パン屋さん
・ご主人はホテルで修業《しゅぎょう》した。
・ご主人の作るクロワッサンが名物です。

しょうかい文
ホテルで修業したご主人が作るクロワッサンが名物のパン屋さんです。

取材メモ
公園
・公園には大きな池がある。
・公園の池にはスイレンがさく。

しょうかい文 ①
公園には、スイレンのさく大きな池があります。

取材メモ
市民会館
・市民会館では、音楽のコンサートがあります。
・市民会館では、げきの公演《こうえん》があります。

しょうかい文 ②
市民会館では、音楽のコンサートや、げきの公演があります。

取材メモ
神社
・江戸時代からある。
・夏祭りには夜店がたくさん出る。

しょうかい文 ③
江戸時代からある神社で、夏祭りには、夜店がたくさん出ます。

取材メモ
図書館
・図書館の5階にはプラネタリウムがある。
・図書館にある本の数は30万さつ以上《いじょう》で、3階にはパソコンコーナーもある。

しょうかい文 ④
図書館にある本の数は30万さつ以上で、3階にはパソコンコーナー、5階にはプラネタリウムがあります。

答えの例です。

41　答えは「別冊」の20ページに！　40

くわしい考え方

今度は、複数の要素を一つの文にまとめるトレーニングです。

①「公園には大きな池がある。」を中心の文としましょう。後の文を、「池」を説明するための文に変形すると、「スイレンの（が）さく池」となります。

②二つの文は、「市民会館では、～あります」が共通。次に「あります」の主語を考えると、一つ目の文が「音楽のコンサート」で、二つ目の文が「げきの公演」。これで、「市民会館では、音楽のコンサートや、げきの公演があります」となります。

③メモの一つ目は「神社を説明したもの」、それに対して、メモの二つ目は「神社」で行われていること。そこで、「江戸時代からある神社」とし、場所を表す「で」を使って、「江戸時代からある神社で、夏祭りには、夜店がたくさん出ます。」とします。

④「本の数」と「何階に何があるか」とで、分類しましょう。図書館にある本の数は30万冊以上、3階にはパソコンコーナー、5階にはプラネタリウムがあります。

　このようにただ漠然と文を作るのではなく、「主語と述語」「言葉のつながり」「分類」など、言葉の規則を意識して、正確な一文を作りましょう。

▶42～43ページの答え

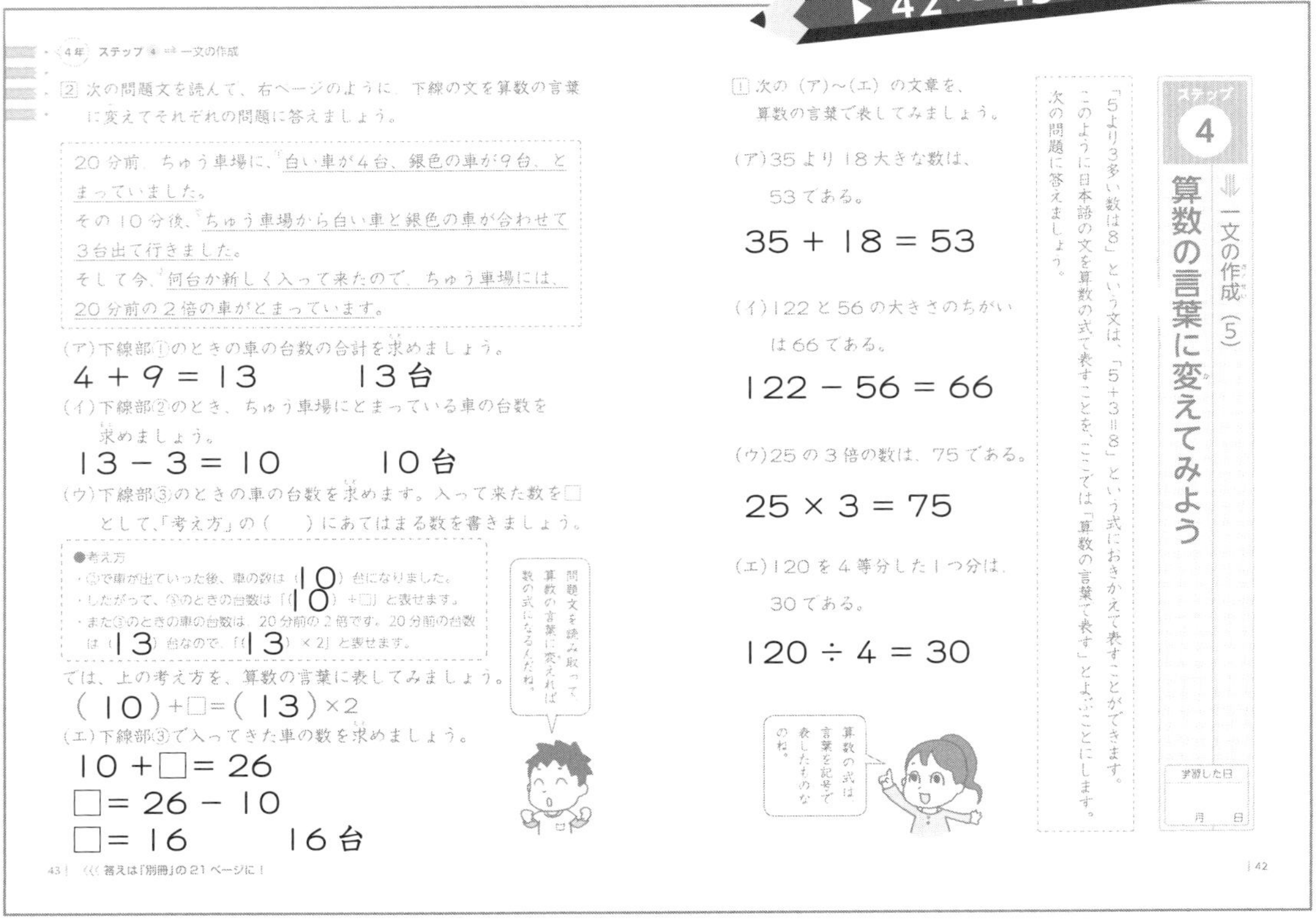

ステップ 4

⥥一文の作成（5）

算数の言葉に変《か》えてみよう

学習した日　月　日

「5より3多い数は8」という文は、「5＋3＝8」という式におきかえて表すことができます。
このように日本語の文を算数の式で表すことを、ここでは「算数の言葉で表す」とよぶことにします。
次の問題に答えましょう。

1 次の（ア）～（エ）の文章を、算数の言葉で表してみましょう。

（ア）35より18大きな数は、53である。

35 + 18 = 53

（イ）122と56の大きさのちがいは66である。

122 − 56 = 66

（ウ）25の3倍の数は、75である。

25 × 3 = 75

（エ）120を4等分した1つ分は、30である。

120 ÷ 4 = 30

算数の式は言葉を記号で表したものなのね。

2 次の問題文を読んで、右ページのように、下線の文を算数の言葉に変えてそれぞれの問題に答えましょう。

> 20分前、ちゅう車場に、①白い車が4台、銀色の車が9台、とまっていました。
> その10分後、②ちゅう車場から白い車と銀色の車が合わせて3台出て行きました。
> そして今、③何台か新しく入って来たので、ちゅう車場には、20分前の2倍の車がとまっています。

（ア）下線部①のときの車の台数の合計を求めましょう。

4 + 9 = 13　　　13台

（イ）下線部②のとき、ちゅう車場にとまっている車の台数を求めましょう。

13 − 3 = 10　　　10台

（ウ）下線部③のときの車の台数を求めます。入って来た数を□として、「考え方」の（　）にあてはまる数を書きましょう。

●考え方
・②で車が出ていった後、車の数は（10）台になりました。
・したがって、③のときの台数は「（10）＋□」と表せます。
・また③のときの車の台数は、20分前の2倍です。20分前の台数は（13）台なので、「（13）×2」と表せます。

では、上の考え方を、算数の言葉に表してみましょう。

（10）＋□＝（13）×2

問題文を読み取って、算数の言葉に変えれば数の式になるんだね。

（エ）下線部③で入ってきた車の数を求めましょう。

10 ＋□＝ 26
□＝ 26 − 10
□＝ 16　　　16台

答えは「別冊」の21ページに！

くわしい考え方

国語も算数も、言葉で論理的に表現することにかかわりがありません。そのことがわかっていないと、ただ条件反射的に教えられたとおりに計算をすることしかできなくなってしまいます。その結果、やがて算数の文章題が解けなくなったり、将来数学がわからなくなったりすることになります。

ただし国語の言葉と算数の言葉（数字や記号など）は、性質が大きく違います。そのことはさておき、ここでは国語の言葉を算数の言葉に変えたり、算数の言葉を国語の言葉に変えたりできるようにしましょう。

■問題2

（ア）「合計」は、算数の言葉では「＋」。　4＋9＝13

（イ）今、車は全部で13台あります。そこから3台が「出て行った」ので、それを算数の言葉で表すと、「－3」。　13－3＝10

（ウ）②で車が出て行った後の車の数は、（イ）で計算したように、10台。

新しく入ってきたので「＋」になります。そこで、③の時の台数は、算数の言葉にすると、

「10＋□」と表せます。それは二十分前の車の台数（エで計算した13台）の二倍なので、それを算数の言葉で表すと、

13×2＝26

そこで、

10＋□＝26

両辺から10を引くと、

□＝26－10＝16

そこで、新しく入ってきた車の数は16台とわかります。

大切なことは、算数の言葉に置き換えて、一つ一つ丁寧に考えることができるかどうかです。小学四年生のうちに、こうした基礎的な考え方を身につけておきましょう。

▶44～45ページの答え

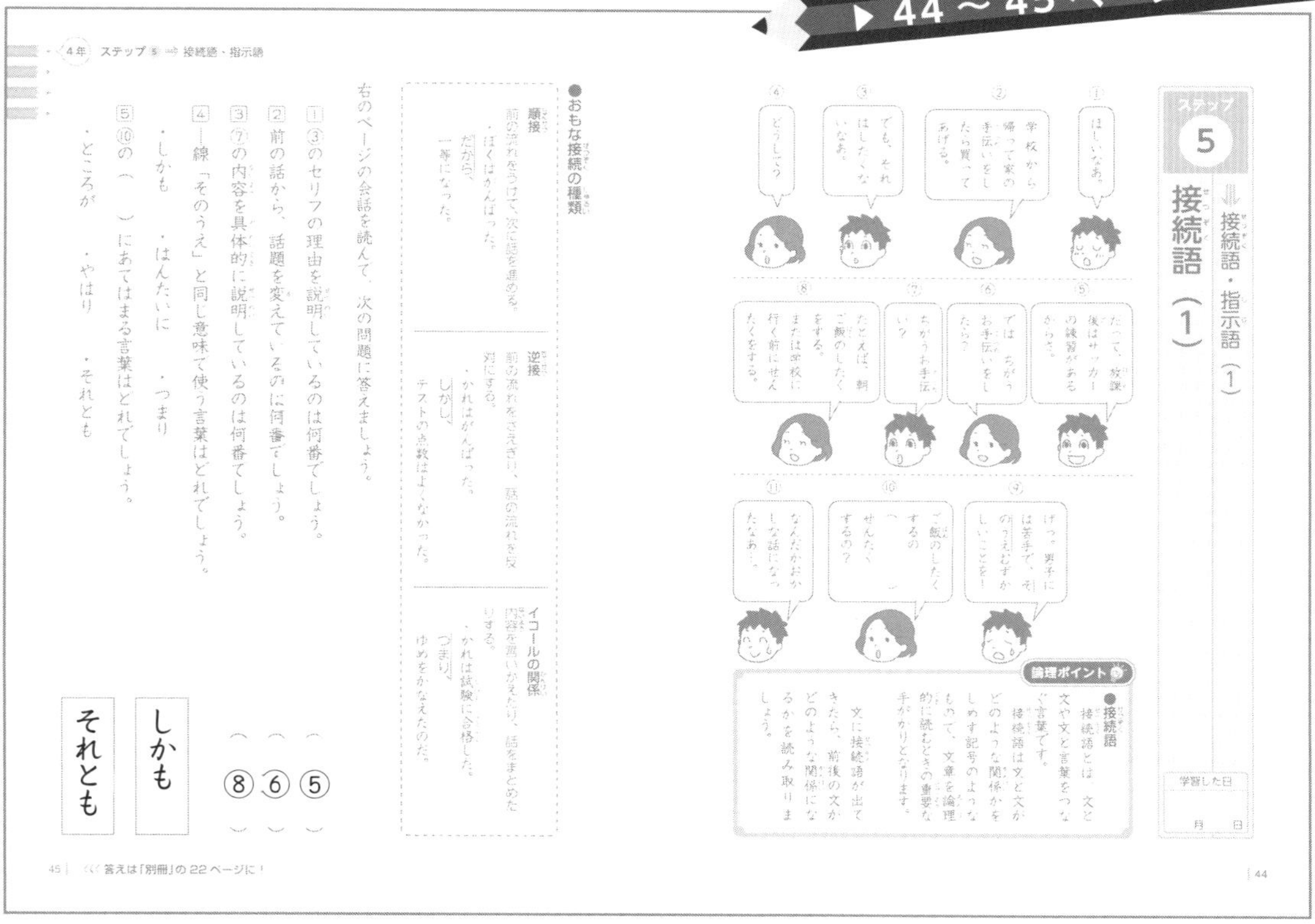
ステップ 5
接続語・指示語 (1)
接続語 (1)

① はしいなあ。
② 学校から帰って家の手伝いをしたら買ってあげる。
③ でも、それはしたくないなあ。
④ どうして？
⑤ だって、放課後はサッカーの練習があるからさ。
⑥ では、ちがうお手伝いをしたら？
⑦ ちがうお手伝い？
⑧ たとえば、朝ご飯のしたくをする。または学校に行く前にせんたくをする。
⑨ げっ。早起きは苦手で、そのうえむずかしいことを！
⑩ ご飯のしたくするの（　　）せんたくするの？
⑪ なんだかおかしな話になったなあ…。

論理ポイント
●接続語
接続語とは、文と文や文と言葉をつなぐ言葉です。
接続語は文と文がどのような関係かをしめす記号のようなもので、文章を論理的に読むときの重要な手がかりとなります。
文に接続語が出てきたら、前後の文がどのような関係になるかを読み取りましょう。

学習した日　月　日

44

4年　ステップ5　接続語・指示語

●おもな接続の種類
順接
前の流れをうけて、次に話を進める。
・ぼくはがんばった。だから、一等になった。
逆接
前の流れをさえぎり、話の流れを反対にする。
・かれはがんばった。しかし、テストの点数はよくなかった。
イコールの関係
内容を言いかえたり、話をまとめたりする。
・かれは試験に合格した。つまり、ゆめをかなえたのだ。

右のページの会話を読んで、次の問題に答えましょう。

1 ③のセリフの理由を説明しているのは何番でしょう。
2 前の話から、話題を変えているのに何番でしょう。
3 ⑦の内容を具体的に説明しているのは何番でしょう。
4 ——線「そのうえ」と同じ意味で使う言葉はどれでしょう。
・しかも　・はんたいに　・つまり
5 ⑩の（　　）にあてはまる言葉はどれでしょう。
・ところが　・やはり　・それとも

（⑤）
（⑥）
（⑧）
しかも
それとも

45　答えは「別冊」の22ページに！

くわしい考え方

接続語の学習です。接続語は文と文、語句との論理的関係を表す言葉です。そこで、文章を論理的に扱うときには重要な鍵となります。

実際に、国語の問題を解いていくと、接続語が設問を解くときの論理的な根拠となることが多いのです。それゆえ、今のうちに接続語を自在に扱えるようにしておきましょう。

■問題1
③の「それ」は手伝いのことだから、手伝いをしたくない理由を述べているのが、⑤「サッカーの練習があるから」。このとき、理由を表す「だって～から」に注意。

■問題2
⑥話題を変えるときの接続語「では」に着目。

■問題3
「ちがうお手伝い」を具体的に述べているのは、⑧「朝ご飯のしたくをする」「せんたくをする」。ここでも具体例を表す接続語「たとえば」に着目。

■問題4
「そのうえ」は、文法的には添加といって、前のことに、さらに新しいことを付け加えるときに使います。例 彼は勉強ができる。そのうえ、スポーツも万能だ。

「しかも」が添加の接続語です。例文の中の「そのうえ」を、「しかも」に置き換えてみればわかります。例 彼は勉強ができる。しかも、スポーツも万能だ。

■問題5
「選択」の「それとも」。二つのうちのどちらかを選ばせるときに使います。

▶46～47ページの答え

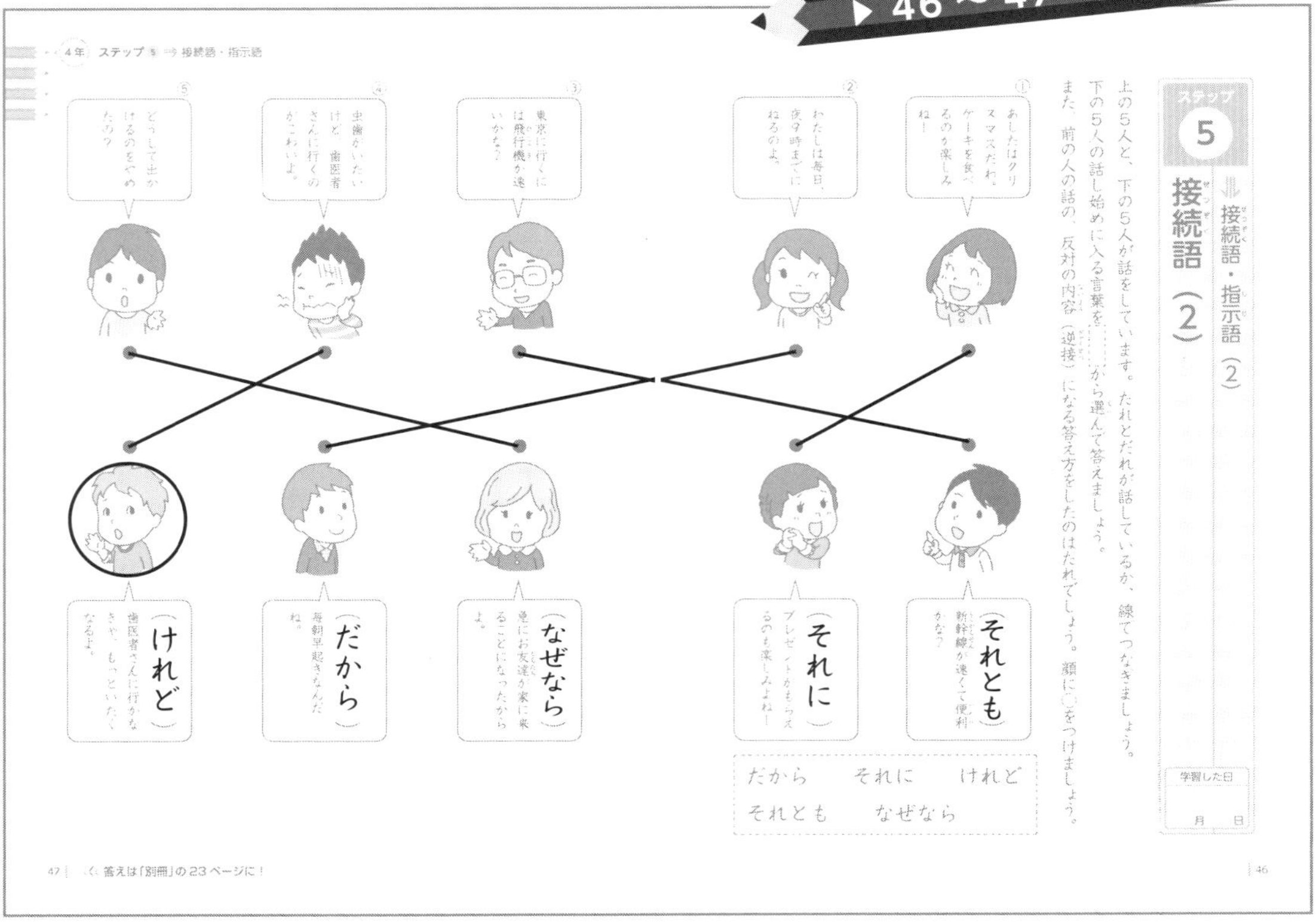
ステップ 5
接続《せつぞく》語（2）
接続語・指示語（2）

上の5人と、下の5人が話をしています。たれとだれが話しているか、線でつなぎましょう。

下の5人の話し始めに入る言葉を［　］から選んで答えましょう。

また、前の人の話の、反対の内容（逆接）になる答え方をしたのはだれでしょう。顔に○をつけましょう。

①あしたはクリスマスだわ。ケーキを食べるのが楽しみね！
②わたしは毎日、夜9時までにねるのよ。
③東京に行くには飛行機が速いかな？
④虫歯がいたいけど、歯医者さんに行くのがこわいよ。
⑤どうして出かけるのをやめたの？

（それとも）新幹線が速くて便利かな？

（それに）プレゼントがもらえるのも楽しみよね！

（なぜなら）急にお友達が家に来ることになったからよ。

（だから）毎朝早起きなんだね。

（けれど）歯医者さんに行かなきゃ、もっといたくなるよ。

だから　それに　けれど
それとも　なぜなら

学習した日　月　日

46

4年　ステップ5　接続語・指示語

47　答えは「別冊」の23ページに！

くわしい考え方

接続語の使い方のトレーニングです。

①楽しみなのは、「ケーキを食べる」ことに加えて、「プレゼントをもらえる」ことなので、添加の「それに」。

②「毎日夜九時までにねる」→（だから）「毎朝早起き」となるので、順接。

③「飛行機」か「新幹線か」のどちらかだから、選択の「それとも」。

④「歯医者さんに行くのがこわい」→「歯医者さんに行かなきゃ、もっといたくなる」と、前の話と反対の内容なので、逆接の「けれど」。

⑤「出かけるのをやめた」理由が、「急にお友達が家に来ることになったため」なので、理由を表す「なぜなら」。

▶ 48～49ページの答え

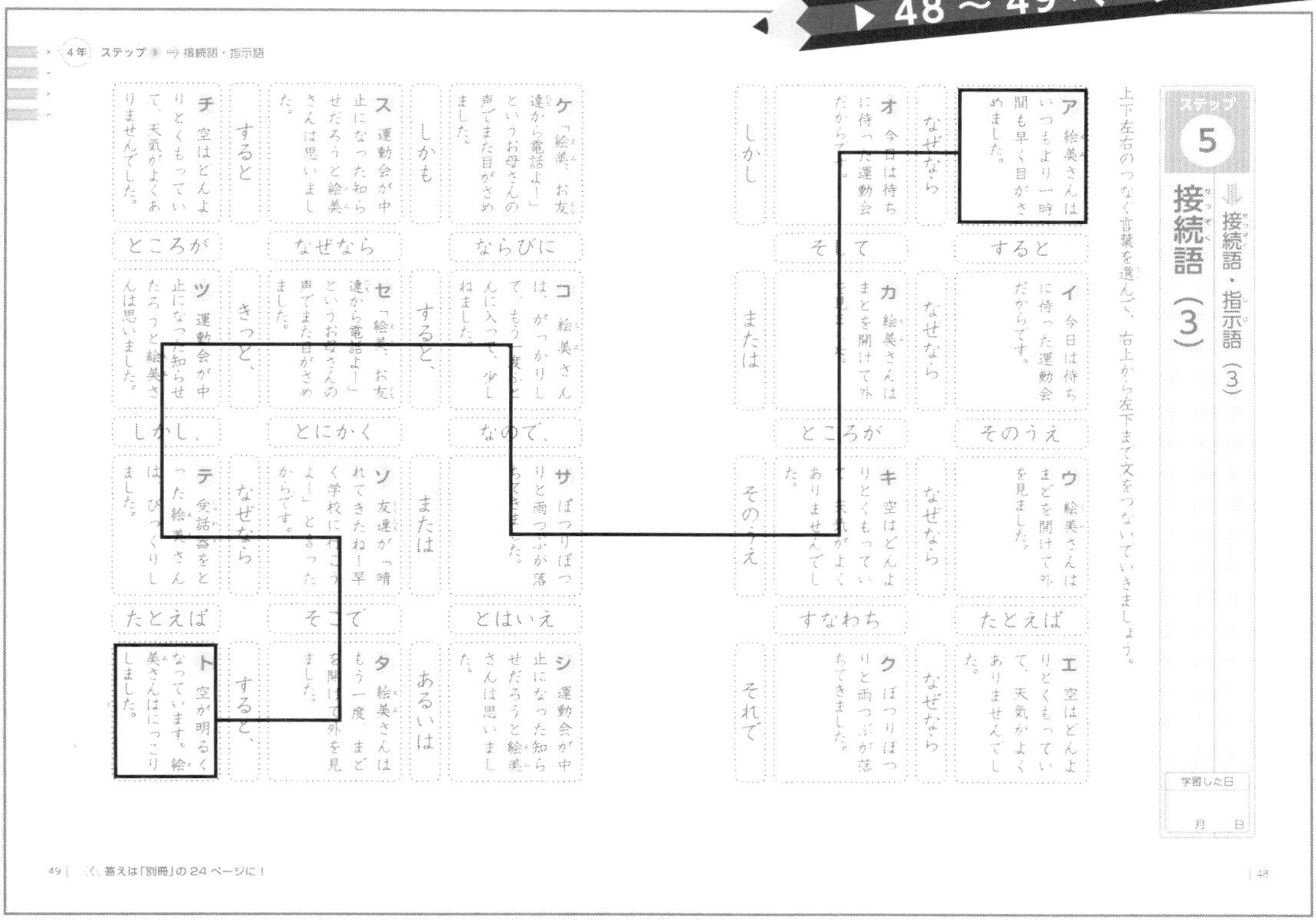

くわしい考え方

接続語の問題をたっぷりやって、接続語で論理的に考える頭を作っていきます。

ア「絵美さんが早く起きた」理由が、オ「運動会だったから」。「なぜなら～から」に着目。

次に、カ「絵美さんは外を見た」ので、順接「そして」。

キ「天気がよくなかった」ので、逆接の「ところが」。

天気がよくない上に、サ「雨つぶまで落ちてきた」ので、添加の「そのうえ」。

「雨つぶまで落ちてきた」が次のコ「もう一度ふとんに入って、少しねました」の理由となっているので、「なので」。

次にセ「お母さんの声でまた目がさめた」ので、順接の「すると」。

ツ「きっと～だろう」という言葉のつながりを考えます。

絵美さんは運動会が中止の知らせだと思っていたところ、テ「受話器を取ったらびっくりした」ので、逆接の「しかし」。

次はびっくりした理由が、ソ「晴れてきたね」なので、「なぜなら～から」。

そして友達が学校に行こうといったので、タ「もう一度まどを開けて外を見た」となって、順接の「そこで」。

外を見たら、ト「空が明るくなっている」ので、順接の「すると」。

　このように文と文との間には論理的関係があり、それらをつなぐために接続語が使われていることがわかります。

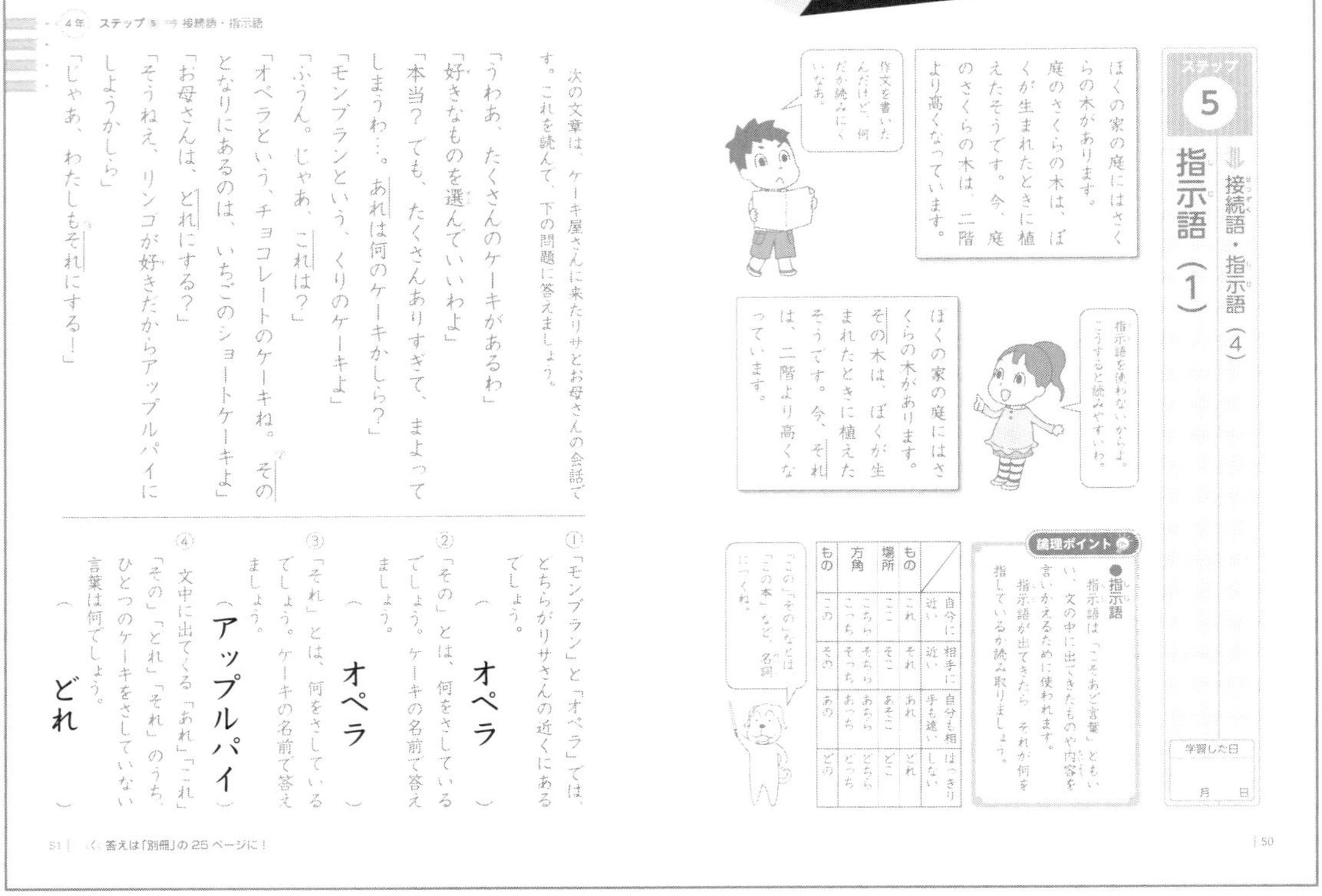

ステップ 5
⇓接続《せつぞく》語・指《し》示《じ》語（4）
指《し》示《じ》語（1）

ぼくの家の庭にはさくらの木があります。庭のさくらの木は、ぼくが生まれたときに植えたそうです。今、庭のさくらの木は、二階より高くなっています。

作文を書いたんだけど、何だか読みにくいなあ。

ぼくの家の庭にはさくらの木があります。その木は、ぼくが生まれたときに植えたそうです。今、それは、二階より高くなっています。

指示語を使わないからよ。こうすると読みやすいわ。

論理ポイント
●指示語
指示語は「こそあど言葉」ともいい、文の中に出てきたものや内容を言いかえるために使われます。

指示語が出てきたら、それが何を指しているか読み取りましょう。

	自分に近い	相手に近い	自分も相手も遠い	はっきりしない
もの	これ	それ	あれ	どれ
場所	ここ	そこ	あそこ	どこ
方角	こちら こっち	そちら そっち	あちら あっち	どちら どっち
もの	この	その	あの	どの

「この」「その」などは、「この本」など、名詞につくね。

学習した日　月　日

50

4年　ステップ5 ⇒ 接続語・指示語

次の文章は、ケーキ屋さんに来たリサとお母さんの会話です。これを読んで、下の問題に答えましょう。


「うわあ、たくさんのケーキがあるわ」

「好きなものを選んでいいわよ」

「本当？　でも、たくさんありすぎて、まよってしまうわ…。あれは何のケーキかしら？」

「モンブランという、くりのケーキよ」

「ふうん。じゃあ、これは？」

「オペラという、チョコレートのケーキね。そのとなりにあるのは、いちごのショートケーキよ」

「お母さんは、どれにする？」

「そうねえ、リンゴが好きだからアップルパイにしようかしら」

「じゃあ、わたしもそれにする！」

① 「モンブラン」と「オペラ」では、どちらがリサさんの近くにあるでしょう。
（　オペラ　）
② 「その」とは、何をさしているでしょう。ケーキの名前で答えましょう。
（　オペラ　）
③ 「それ」とは、何をさしているでしょう。ケーキの名前で答えましょう。
（　アップルパイ　）
④ 文中に出てくる「あれ」「これ」「その」「どれ」「それ」のうち、ひとつのケーキをさしていない言葉は何でしょう。
（　どれ　）

51　答えは「別冊」の25ページに！

くわしい考え方

今度は指示語の問題です。

前に述べたことをもう一度繰り返すのを避けるために、それを指示語に置き換えます。

たとえば、
僕は具のいっぱい入ったラーメンが好きです。

これからそれを食べるところです。

「具のいっぱい入ったラーメン」＝「それ」といった論理的関係が成り立ちます。

そして、「それ」を指示語、「具のいっぱい入ったラーメン」を指示内容といいます。

あるいは、「それ」は「具のいっぱい入ったラーメン」を指していると言います。

指示語は決して感覚的なものではなく、「イコールの関係」という論理を表す言葉なのです。

① 「モンブラン」＝「あれ」、「オペラ」＝「これ」です。「これ」が近い方を指す指示語なので、答はオペラ。

③ 指示語は近い方を指します。この場合は直前の「アップルパイ」を指しています。さらに「わたしも」の「も」に着目。お母さんが「アップルパイにしようかしら」といったことに対して、「私も」とあるので、当然お母さんと同じアップルパイにするとわかります。

④ 「どれ」は、モンブラン、オペラ、イチゴのショートケーキを指して、「どれにする？」と述べています。

ステップ5

接続《せつぞく》語・指《し》示《じ》語（5）

指示語（2）

□1 次の文章を読んで、後の問題に答えましょう。

太陽系では、八つの星が円をえがくように太陽のまわりを回っています。これらの星のことを「わく星」といいます。

太陽系のなかで、太陽のいちばん近くを回っているわく星が水星、その次に近いわく星が金星です。そして、太陽から三番目に近いわく星が地球です。

地球の外を回っているわく星には火星や木星、土星、天王星、海王星があります。このうち、木星は太陽系最大のわく星で、直径は地球の11倍にもなります。また、土星は輪のある星として知られています。輪のある星には、ほかに天王星や海王星があります。

① 「これらの星」とはどんな星のことですか。ます目に合うように文中の言葉を使って書きましょう。

太陽のまわりを回っている星。

② 「このうち」とはどんな星のことですか。ます目に合うように文中からぬき出して書きましょう。

地球の外を回っているわく星。

□2 次の文章を読んで、後の問題に答えましょう。

人間や、イヌやネコなどとちがい、お母さんが産んだたまごが巣や水の中でかえることで生まれる動物がいます。スズメなどの鳥類、メダカなどの魚類、バッタなどのこん虫がこのようにして生まれます。

では、たまごを産む動物のお母さんはどれくらいのたまごを産むのでしょう。

地球上でいちばんたまごの数が多いとされるのがマンボウという魚で、一度に約三億個のたまごを産むといわれています。しかし、そのなかで、無事に大人のマンボウに育つのは、ごくわずかです。たくさんのたまごを産んでも、そのほとんどはほかの魚に食べられてしまうからです。そんなわけで、海にいるマンボウの数が急に増えることはないのです。

① 「このように」とはどのようなことですか。ます目にあてはまるように書きましょう。

お母さんが産んだたまごがかえること。

② 「そんなわけ」とはどのようなことでしょう。

たくさんのたまごを産んでも、そのほとんどはほかの魚に食べられてしまうこと。

くわしい考え方

指示語は直前から順次検討するのが、鉄則です。

■問題1

①直前は「太陽のまわりを回っています」で、これらの星とは、「太陽のまわりを回っている」星だと分かります。

②直前に「地球の外を回っているわく星」とあり、さらにその具体例として、「火星や木星、土星、天王星、海王星」が提示されていますが、ます目の字数から、「地球の外を回っているわく星」が答えとなります。

■問題2

①「このようにして生まれます」とあるので、「スズメなどの鳥類～」がどのようにして生まれるのか、直前から探します。すると、「お母さんが産んだたまごが巣や水の中でかえることで生まれる」が該当箇所と分かります。後はます目の字数に合わせて説明の言葉を削って調整します。

②「そんなわけ」の「わけ」は理由のこと。そこで、「海にいるマンボウの数が急に増えることはない」理由を直前から探すと、「たくさんのたまごを産んでも、そのほとんどはほかの魚に食べられてしまうから」が該当箇所です。とくに「から」が理由を表す論理語であることに注意しましょう。

54～55ページの答え

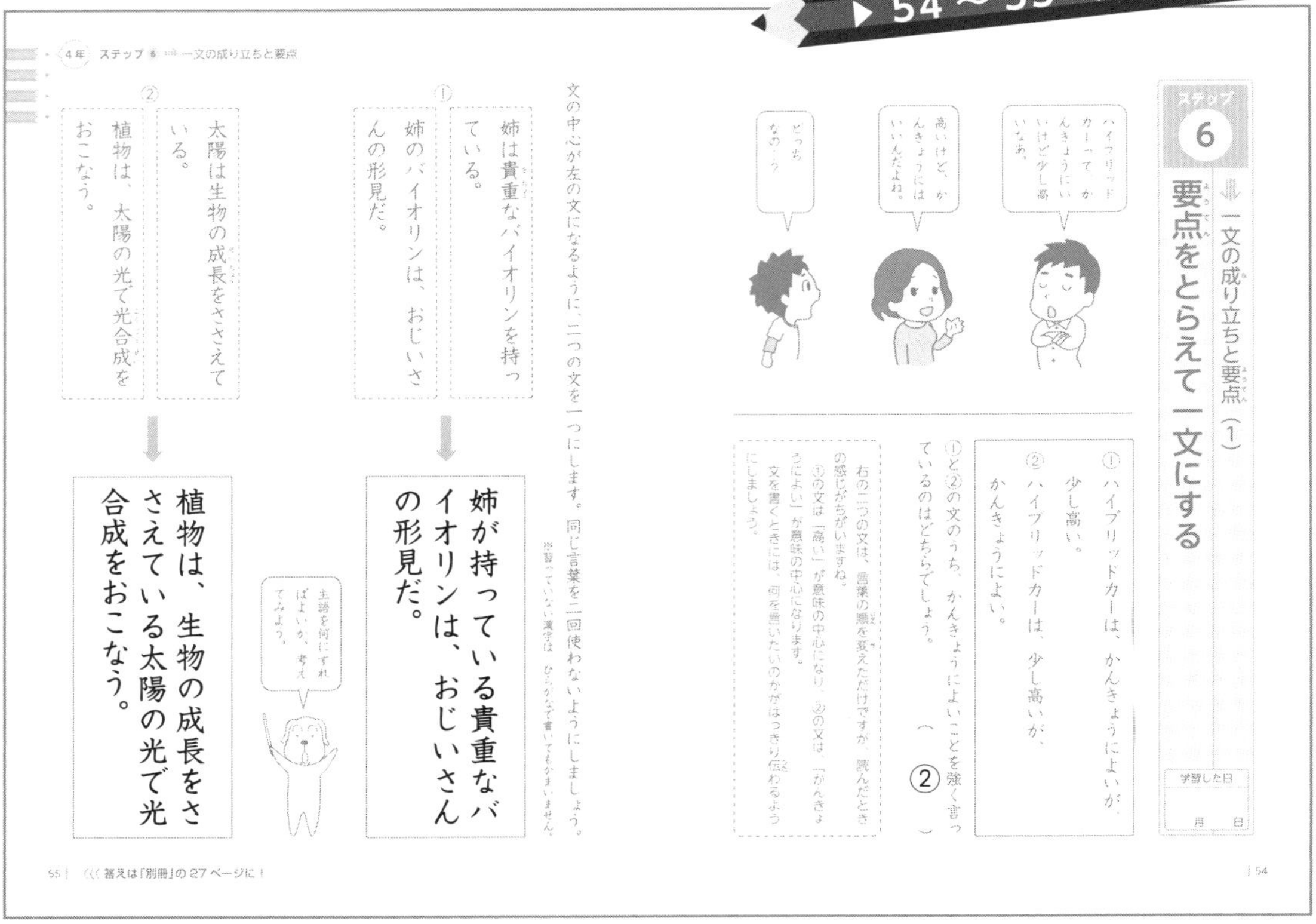
ステップ 6

一文の成り立ちと要点《ようてん》（1）

要点《ようてん》をとらえて一文にする

ハイブリッドカーって、かんきょうにいいけど少し高いなあ。
高いけど、かんきょうにはいいんだよね。
どっちなの…？

① ハイブリッドカーは、かんきょうによいが、少し高い。

② ハイブリッドカーは、少し高いが、かんきょうによい。

①と②の文のうち、かんきょうによいことを強く言っているのはどちらでしょう。

（ ② ）

右の二つの文は、言葉の順を変えただけですが、読んだときの感じがちがいますね。

①の文は「高い」が意味の中心になり、②の文は「かんきょうによい」が意味の中心になります。

文を書くときには、何を言いたいのかがはっきり伝わるようにしましょう。

学習した日　月　日

54

文の中心が左の文になるように、二つの文を一つにします。同じ言葉を二回使わないようにしましょう。

※習っていない漢字は、ひらがなで書いてもかまいません。

①
姉は貴重《きちょう》なバイオリンを持っている。
姉のバイオリンは、おじいさんの形見だ。

姉が持っている貴重なバイオリンは、おじいさんの形見だ。

②
太陽は生物の成長《せいちょう》をささえている。
植物は、太陽の光で光合成《こうごうせい》をおこなう。

植物は、生物の成長をささえている太陽の光で光合成をおこなう。

主語を何にすればよいか、考えてみよう。

4年　ステップ6　一文の成り立ちと要点

55　答えは「別冊」の27ページに！

くわしい考え方

「基礎編」の総合問題として、「一文の成り立ちと要点」の学習をします。一文には要点となる言葉とその説明の部分とがあります。どんな複雑な文でも、要点さえつかめば、決して難しくありません。

さらにすべての言葉は論理的な関係から成り立っています。そのことの理解が文章を論理的に意識して扱うことの第一歩なのです。

さて、二文を一文にまとめる問題ですが、どちらの文が中心なのかが大切です。例文をヒントに、語順を考えましょう。

①左の文が中心なので、主語は「姉のバイオリンは」、述語は「おじいさんの形見だ」。そこで、右の文を「バイオリン」を説明する文になるように変形します（こうした変形も学習済み）。すると、「姉が持っている貴重なバイオリンは」が主語となります。

②左の文の構造を変えることはできません。そこで、右の文を「太陽」を説明する文となるように変形すると、「生物の成長をささえている太陽」となります。

▶56～57ページの答え

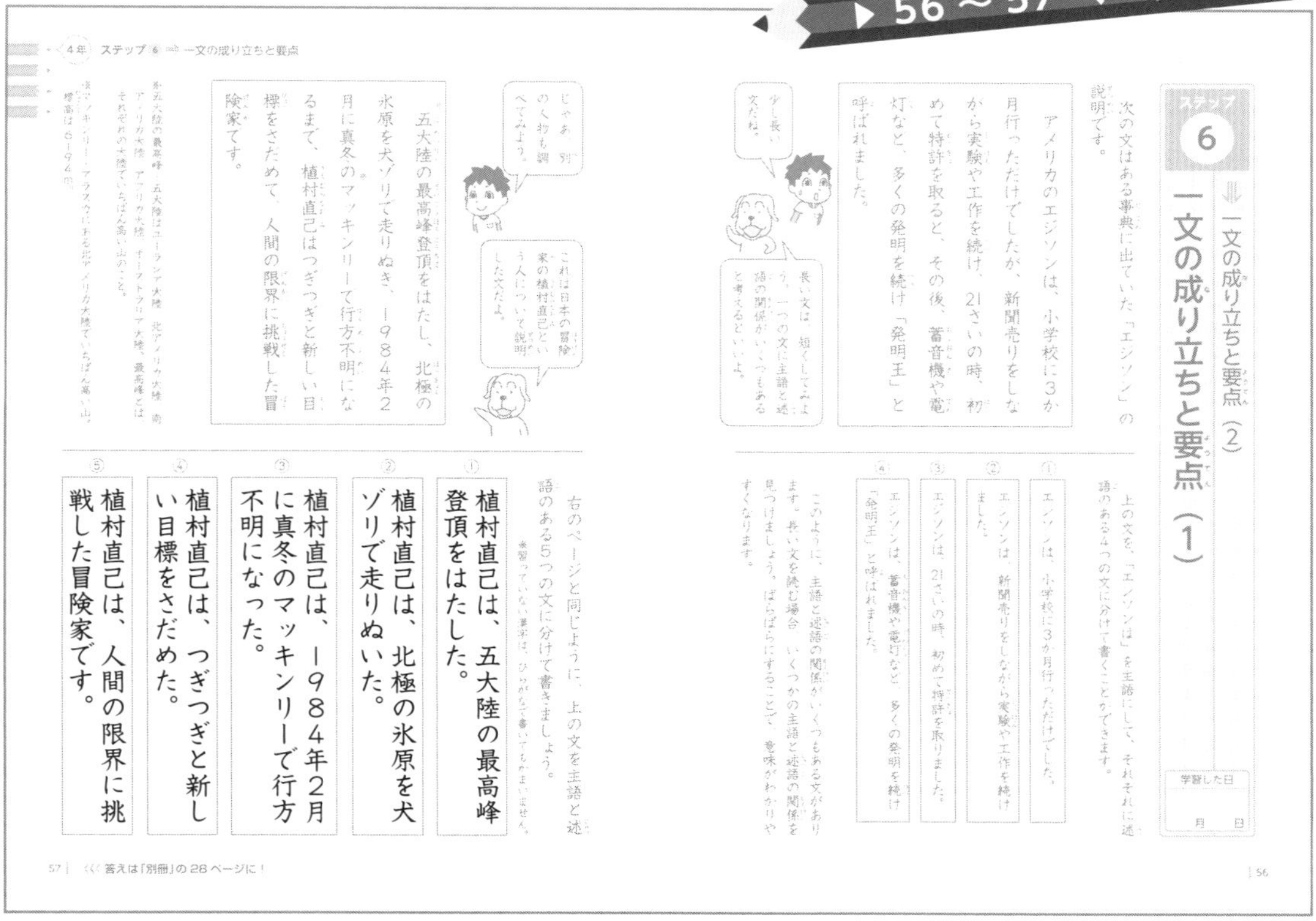

ステップ 6

一文の成り立ちと要点（1）

⇒一文の成り立ちと要点（2）

学習した日　　月　　日

次の文はある事典に出ていた「エジソン」の説明です。

アメリカのエジソンは、小学校に3か月行っただけでしたが、新聞売りをしながら実験や工作を続け、21さいの時、初めて特許を取ると、その後、蓄音機や電灯など、多くの発明を続け「発明王」と呼ばれました。

少し長い文だね。
長い文は、短くしてみよう。一つの文に主語と述語の関係がいくつもあると考えるといいよ。

上の文を、「エジソンは」を主語にして、それぞれに述語のある4つの文に分けて書くことができます。

①エジソンは、小学校に3か月行っただけでした。

②エジソンは、新聞売りをしながら実験や工作を続けました。

③エジソンは、21さいの時、初めて特許を取りました。

④エジソンは、蓄音機や電灯など、多くの発明を続け「発明王」と呼ばれました。

このように、主語と述語の関係がいくつもある文があります。長い文を読む場合、いくつかの主語と述語の関係を見つけましょう。ばらばらにすることで、意味がわかりやすくなります。

56

4年　ステップ6 ⇒ 一文の成り立ちと要点

じゃあ、別の人物も調べてみよう。
これは日本の冒険家の植村直己という人について説明した文だよ。

五大陸の最高峰登頂をはたし、北極の氷原を犬ゾリで走りぬき、1984年2月に真冬のマッキンリーで行方不明になるまで、植村直己はつぎつぎと新しい目標をさだめて、人間の限界に挑戦した冒険家です。

※五大陸の最高峰…五大陸はユーラシア大陸、北アメリカ大陸、南アメリカ大陸、アフリカ大陸、オーストラリア大陸。最高峰とは、それぞれの大陸でいちばん高い山のこと。

※マッキンリー…アラスカにある北アメリカ大陸でいちばん高い山。標高は6194m。

右のページと同じように、上の文を主語と述語のある5つの文に分けて書きましょう。

※習っていない漢字は、ひらがなで書いてもかまいません。

①植村直己は、五大陸の最高峰登頂をはたした。

②植村直己は、北極の氷原を犬ゾリで走りぬいた。

③植村直己は、1984年2月に真冬のマッキンリーで行方不明になった。

④植村直己は、つぎつぎと新しい目標をさだめた。

⑤植村直己は、人間の限界に挑戦した冒険家です。

57　<<< 答えは「別冊」の28ページに！

くわしい考え方

ここでも「主語と述語」を軸に、文を分けます。右ページの例文は、すべて主語が「エジソン」。そこで、述語に着目すると、

①「小学校に3か月行っただけでした」
②「新聞売りをしながら実験や工作を続けました」
③「21さいの時、初めて特許を取りました」
④「蓄音機や電灯など、多くの発明を続け「発明王」と呼ばれました」

と、四つの文からできていることがわかります。

左ページの問題は、すべて主語が「植村直己」。そこで述語に着目して、五つの文に分けます。

①「五大陸の最高峰登頂をはたした」
②「北極の氷原を犬ゾリで走りぬいた」
③「1984年2月に真冬のマッキンリーで行方不明になった」
④「つぎつぎと新しい目標をさだめた」
⑤「人間の限界に挑戦した冒険家です」

の五つの文に分かれます。

▶58～59ページの答え

ステップ 6

一文の成り立ちと要点（3）

一文の成り立ちと要点（2）

学習した日　月　日

次の文は「ごんぎつね」という物語の一場面です。これを読んで後の問題に答えましょう。

「ごん」は、村の近くの山にすむ、いたずら好きのこぎつねです。

> 十日ほどたって、ごんが、弥助というおひゃくしょうのうちのうらを通りかかりますと、そこのいちじくの木のかげで、弥助の家内が、お歯黒※をつけていました。
>
> （新美南吉「ごんぎつね」より）

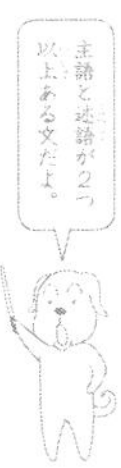

※お歯黒…昔、けっこんした女の人が歯を黒くそめるために使ったもの。

上の文を、意味の上で二つに分けると、左のようになります。

> 十日ほどたって、ごんが、弥助というおひゃくしょうのうちのうらを通りかかりますと、｜そこのいちじくの木のかげで、弥助の家内が、お歯黒をつけていました。

二つに分けた部分のそれぞれから、主語と述語にあたる部分をぬき出しましょう。

ごんが　通りかかります

家内が　つけていました

主語がとちゅうで変わっていることがわかりましたか？　このように、長い文は述語になる言葉を見つけて、それぞれの主語をはっきりさせると、文の意味がよくわかります。

次の文を読んで、後の問題に答えましょう。

> クモはこん虫の仲間ではないので羽がありませんが、｜コガネグモというクモの子どもは、おしりから長い糸を出し、風に乗って遠くまで飛んでいくことができます。

① この文を、意味の上から二つに分かれるように、線で囲みましょう。

② 二つに分けた前の部分と後の部分は、それぞれ何について書いてありますか。□にあてはまるように書きましょう。

・前の部分…**クモ**について。

・後の部分…**コガネグモ**という**クモ**の**子ども**について。

③ 二つに分けた後の部分を、さらに2つに分けます。それぞれに主語と述語がある文に直して書きましょう。

コガネグモというクモの子どもは、おしりから長い糸を出します。

コガネグモというクモの子どもは、風に乗って遠くまで飛んでいくことができます。

答えは「別冊」の29ページに！

くわしい考え方

物語文の読解です。物語文や小説においても、文章の読み方は基本的に変わりません。あくまで自分の主観を入れずに、本文を客観的に読んでいきます。

「通りかかります」が述語で、主語が「ごんが」。「つけていました」が述語で、主語が「家内が」。このように一文の中でも主語が変わっています。

②前の文は「クモについて」、後の文は「コガネグモというクモの子ども」について。

③述語から先に探していくのが、鉄則。

「おしりから長い糸を出します」に対する主語は「コガネグモというクモの子ども」。「風に乗って遠くまで飛んでいくことができます」の主語も「コガネグモというクモの子ども」。

60～61ページの答え

ステップ 6

一文の成り立ちと要点《ようてん》（4）

かけ算の文とわり算の文

学習した日　月　日

1 算数の問題文（ア）を読んで、①と②の問題に答えましょう。

（ア）ゆうと君とたくや君は、シールを集めています。
ゆうと君は16まいのシールをもっていて、たくや君はゆうと君の2倍のシールをもっているとすると、たくや君は何まいのシールをもっているでしょう。

① この問題で何を答えればよいか、23文字（句読点をふくむ）で書き出しましょう。

たくや君は何まいのシールをもっているでしょう。

② この問題は、何算で計算すれば、答えることができるでしょう。また、それがわかる部分を、問題文から22文字で書き出しましょう。

答えを求《もと》める計算

かけ算

それがわかる部分

たくや君はゆうと君の2倍のシールをもっている

2 算数の問題文（イ）を読んで、①と②の問題に答えましょう。

（イ）24このみかんを、ゆかさん、さおりさん、直子さんが同じ数ずつ分けた後、ゆかさんがさおりさんにいくつかのみかんをあげると、直子さんのみかんの数はゆかさんの2倍になりました。さおりさんのみかんは何こでしょう。

① この問題は、3つの式でとくことができ、そのうち2つはわり算の式です。わり算の式をみちびくことができる部分を問題文から2つぬき出しましょう。

24このみかんを、ゆかさん、さおりさん、直子さんが同じ数ずつ分けた

直子さんのみかんの数はゆかさんの2倍になりました。

② さおりさんのみかんの数を求めるには、たし算を使います。それがわかる部分を問題文からぬき出しましょう。

ゆかさんがさおりさんにいくつかのみかんをあげる（と）

くわしい考え方

算数を論理で解くトレーニングです。

■問題1

いきなり計算をするのではなく、まず問題文を論理的に読み取ることが大切です。

①「たくや君は何まいのシールをもっているでしょう」が、求めるもの。

②国語の言葉を算数の言葉に言い換えるための練習。
「たくや君はゆうと君の2倍のシールをもっている」とあることから、「かけ算」だとわかります。

■問題2

①「24このみかんを、ゆかさん、さおりさん、直子さんが同じ数ずつ分けた」から、「わり算」だとわかります。
24個÷3＝8で、三人はそれぞれ8個ずつみかんを持っていたことになります。
「直子さんのみかんの数はゆかさんの2倍になりました」とあるから、逆にゆかさんのみかんは半分なので、わり算を使います。
直子さんの数は8個のままですから、ゆかさんのみかんの数は、
8個÷2＝4個

②「ゆかさんがさおりさんにいくつかのみかんをあげると」とあるので、たし算です。
直子さん＝8個、ゆかさん＝4個。
もともとさおりさんは8個のみかんを持っていました。ゆかさんが（8－4＝4個）さおりさんにあげたことになるので、
8＋4＝12個
が、さおりさんのみかんの数です。
ゆかさん…4個　さおりさん…12個　直子さん…8個

▶62〜63ページの答え

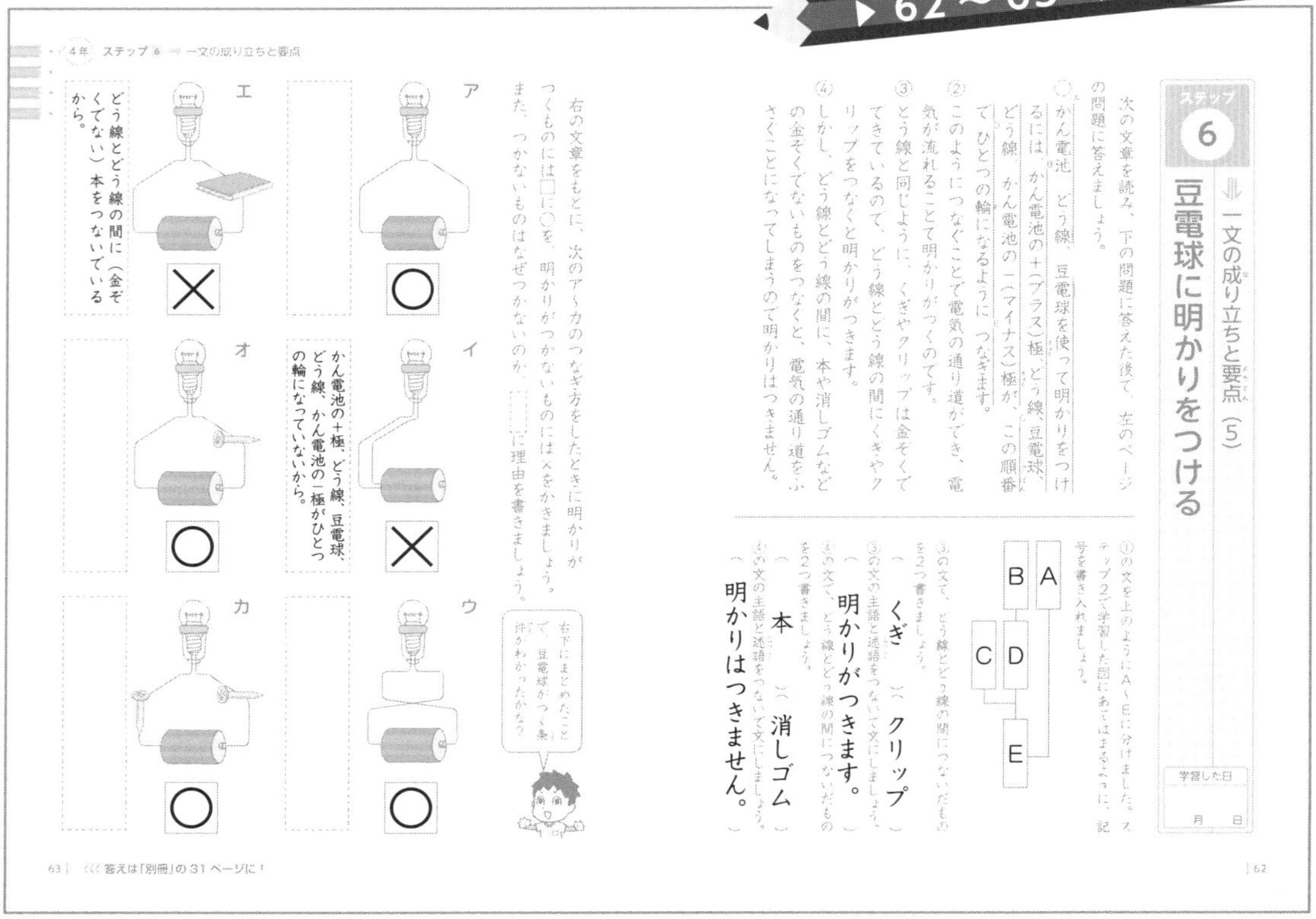

ステップ 6

豆電球に明かりをつける

一文の成り立ちと要点 (5)

次の文章を読み、下の問題に答えた後で、左のページの問題に答えましょう。

①かん電池、どう線、豆電球を使って明かりをつけるには、かん電池の+(プラス)極、どう線、豆電球、どう線、かん電池の−(マイナス)極が、この順番でひとつの輪になるように、つなぎます。

②このようにつなぐことで電気の通り道ができ、電気が流れることで明かりがつくのです。

③どう線と同じように、くぎやクリップは金ぞくでできているので、どう線とどう線の間にくぎやクリップをつなぐと明かりがつきます。

④しかし、どう線とどう線の間に、本や消しゴムなどの金ぞくでないものをつなぐと、電気の通り道をふさぐことになってしまうので明かりはつきません。

①の文を上のようにA〜Eに分けました。ステップ2で学習した図にあてはまるように、記号を書き入れましょう。

A B C D E

③の文で、どう線とどう線の間につないだものを2つ書きましょう。

（ くぎ ）（ クリップ ）

③の文の主語と述語をつないで文にしましょう。

（ 明かりがつきます。 ）

④の文で、どう線とどう線の間につないだものを2つ書きましょう。

（ 本 ）（ 消しゴム ）

④の文の主語と述語をつないで文にしましょう。

（ 明かりはつきません。 ）

学習した日　月　日

62

4年 ステップ6 一文の成り立ちと要点

右の文章をもとに、次のア〜カのつなぎ方をしたときに明かりがつくものには□に○を、明かりがつかないものには×をかきましょう。また、つかないものはなぜつかないのか、□に理由を書きましょう。

右下にまとめたことで、豆電球がつく条件がわかったかな？

ア ○

イ ×　かん電池の+極、どう線、豆電球、どう線、かん電池の−極がひとつの輪になっていないから。

ウ ○

エ ×　どう線とどう線の間に（金ぞくでない）本をつないでいるから。

オ ○

カ ○

63　答えは「別冊」の31ページに！

くわしい考え方

今度は理科を論理的に解く問題。

問題文を論理的に読んで、整理しなければなりません。

①A「かん電池、どう線、豆電球をつかって明かりをつけるには」→E「つなぎます」。

B「かん電池の+極、どう線、豆電球、導線、かん電池の−極が」→D「ひとつの輪になるように」→E「つなぎます」。

C「この順番に」→E「つなぎます」。

③「どう線とどう線の間にくぎやクリップをつなぐと」とあります。

主語が「明かりが」、述語が「つきます」。

④「本や消しゴムなどの金ぞくでないものをつなぐと」とあります。

主語が「明かりが」、述語が「つきません」。

右の文章では

「かん電池の+極」→「どう線」→「豆電球」→「どう線」→「かん電池の−極」の順番になっているものに明かりがつくので、アとウが○。

イは、どちらのどう線も−極からなので、×。

くぎやクリップなど、金ぞくでできているものはどう線と同じなので、オとカは○。

エは、金ぞくでない本でつないでいるので、×。

　このように問題文を理解して、そこで書かれた規則をもとに、与えられた例を考えます。その際、必ず正確な日本語で理由を書くことができるようにしてください。